TE LLEVARÉ AL CORAZÓN DE LA REVOLUCIÓN DE LA IA

Las fronteras entre la ciencia ficción y la realidad se están desvaneciendo

DERECHOS DE AUTOR © 2024 LOTUSSACRÉ®

Todos los derechos reservados. Ninguna parte de este libro puede ser reproducida, distribuida o transmitida en ninguna forma o por ningún medio, incluyendo fotocopias, grabaciones u otros métodos electrónicos o mecánicos, sin el permiso previo por escrito del autor, excepto en el caso de citas breves incorporadas en reseñas críticas y ciertos otros usos no comerciales permitidos por la ley de derechos de autor. Para solicitar permisos, comuníquese con el autor a alizeesa@gmail.com

Primera edición septiembre 2024

Esta es una obra de no ficción. Cualquier referencia a hechos históricos, personas

reales o lugares reales se utiliza de manera veraz. Todos los demás nombres, personajes, lugares e incidentes son producto de la investigación y la imaginación del autor. Cualquier parecido con hechos, lugares o personas reales, vivas o muertas, es pura coincidencia.

CONTENIDO

INTRODUCCIÓN 8

CAPÍTULO 1 17

LA EVOLUCIÓN DE LA TECNOLOGÍA 17

Historia de la tecnologia: desde la revolucion industrial hasta la era digital 19
Los grandes avances: Internet, inteligencia artificial y biotecnologia 34
Como han cambiado estos avances nuestra percepcion de la vida y la muerte? 48

CAPÍTULO 2: 55

INTELIGENCIA ARTIFICIAL Y CHATGPT 55

¿Que es la IA? 57
Definicion y tipos de IA 57
ChatGPT y modelos de lenguaje: como funcionan y aplicaciones 61
Impacto de la IA en la sociedad: cambios en el trabajo, la comunicacion, etc. 67
¿Podria algun dia la IA superar la inteligencia humana y convertirse en la clave de la inmortalidad? 73

CAPÍTULO 3 84

AVANCES EN MEDICINA Y BIOTECNOLOGÍA . 84

Medicina Regenerativa: Celulas Madre, CRISPR, etc. 85
Tecnomedicina : Nanotecnologia, Implantes Bionicos 92

HISTORIAS DE EXITO: CASOS CONCRETOS DE PROLONGACION DE LA VIDA 96
¿HASTA DONDE PUEDE LLEGAR LA MEDICINA SIN CRUZAR FRONTERAS ETICAS? 99

CAPÍTULO 4: 105
LA BÚSQUEDA DE LA INMORTALIDAD 105

FILOSOFIA Y ETICA: DEBATES EN TORNO A LA INMORTALIDAD 108
TRANSHUMANISMO : MOVIMIENTO E IDEOLOGIAS 112
PROYECTOS ACTUALES: INICIATIVAS E INVESTIGACIONES EN CURSO 116
¿ES LA INMORTALIDAD UN SUEÑO ALCANZABLE O UNA UTOPIA PELIGROSA? 123

CAPÍTULO 5: 132
ESCENARIOS FUTUROS 132

INMORTALIDAD DIGITAL: TRANSFERENCIA DE CONCIENCIA Y AVATARES DIGITALES 133
INMORTALIDAD BIOLÓGICA: REGENERACIÓN CELULAR Y ANTIENVEJECIMIENTO 138
IMPACTO SOCIAL: CONSECUENCIAS SOCIALES, ECONOMICAS Y AMBIENTALES 141
CAIDA: ¿CUANTO COSTARIA LA VIDA ETERNA? 144

CAPÍTULO 6 150
DESAFÍOS Y RIESGOS 150

RIESGOS TECNOLOGICOS: INTELIGENCIA ARTIFICIAL SIN CONTROL Y CIBERSEGURIDAD 151
DESAFIOS ETICOS: DESIGUALDAD Y ACCESO A LA TECNOLOGIA 156

ESCENARIOS DISTOPICOS: ¿QUE PODRIA SALIR MAL? 160
CAIDA: ¿PODRIA LA INMORTALIDAD CONVERTIRSE EN NUESTRA MAYOR AMENAZA? 164

CAPÍTULO 7: 173
NAVEGANDO POR EL CAMINO HACIA ADELANTE 173

EQUILIBRAR EL PROGRESO Y LA CAUTELA 174
MARCOS ETICOS PARA LA INVESTIGACION SOBRE LA INMORTALIDAD 178
COOPERACION Y GOBERNANZA GLOBAL 180
PARTICIPACION PUBLICA Y EDUCACION 182
ENFOQUES SOSTENIBLES PARA LA PROLONGACION DE LA VIDA 185
EL PAPEL DE LA FILOSOFIA Y LA ETICA EN LA CONFIGURACION DE NUESTRO FUTURO INMORTAL 187

CAPÍTULO 8 193
IMAGINANDO FUTUROS INMORTALES 193

EL PROXIMO MILENIO: CONSECUENCIAS INMEDIATAS DE ALCANZAR LA INMORTALIDAD 195
AMBICIONES INTERESTELARES: EXPLORACION Y COLONIZACION DEL ESPACIO 198
EVOLUCION DE LA HUMANIDAD: ADAPTACIONES BIOLOGICAS Y TECNOLOGICAS 201
SOCIEDADES POST-ESCASEZ: ECONOMIA Y GOBERNANZA EN UN MUNDO INMORTAL 203
EL FUTURO LEJANO: EL LUGAR DE LA HUMANIDAD EN EL COSMOS 206
CAMINOS ALTERNATIVOS: DESARROLLOS PARALELOS Y FUTUROS DIVERGENTES 208

CONCLUSIÓN **213**
    RESUMEN DE PUNTOS CLAVE 213
    REFLEXIONES FINALES: PERSPECTIVAS PERSONALES
    SOBRE LA INMORTALIDAD 214
    LLAMADO A LA ACCION: ESTIMULO A LA REFLEXION Y
    AL COMPROMISO 216

INTRODUCCIÓN

En los anales de la historia de la humanidad, pocas búsquedas han cautivado nuestra imaginación colectiva con tanta insistencia como la búsqueda de la inmortalidad. Desde los antiguos alquimistas que buscaban el elixir de la vida hasta los científicos modernos que exploran las fronteras de la biotecnología, el deseo de prolongar la vida humana (quizás indefinidamente) ha sido una fuerza impulsora detrás de innumerables innovaciones y debates filosóficos.

Hoy nos encontramos al borde de una nueva era, en la que la convergencia de tecnologías de vanguardia ofrece tentadoras vislumbres de un futuro en el que la muerte podría ser opcional. La inteligencia artificial, la nanotecnología, la ingeniería genética y la computación cuántica ya no se limitan al ámbito de la ciencia ficción; se están convirtiendo rápidamente en partes integrales de nuestra realidad,

reconfigurando nuestra comprensión de lo que significa ser humano y qué límites, si los hay, debemos aceptar a nuestra mortalidad.

Este libro profundiza en el corazón de esta revolución. Exploraremos cómo las tecnologías emergentes, en particular la inteligencia artificial y sus manifestaciones como ChatGPT , no solo están cambiando la forma en que vivimos, sino que potencialmente están redefiniendo el concepto mismo de la vida.

Importancia del tema: ¿Por qué este tema es relevante hoy en día?

No se puede exagerar la importancia de este tema en la época actual. Vivimos en una época de aceleración tecnológica sin precedentes, en la que el ritmo de la innovación supera nuestra capacidad para comprender plenamente sus implicaciones. Consideremos estos puntos:

1. **Crecimiento tecnológico exponencial** : la Ley de Moore, que establece que la capacidad de procesamiento se duplica aproximadamente cada dos años, sigue siendo válida. Este crecimiento exponencial no se limita a la informática, sino que se extiende a campos como la biotecnología y la nanotecnología, acelerando nuestro potencial para manipular los componentes básicos de la vida misma.
2. **Revolución de la IA** : la aparición de sistemas de IA sofisticados como ChatGPT ha demostrado que las máquinas pueden realizar tareas cognitivas complejas que antes se creían que eran del dominio exclusivo de la inteligencia humana. Esto plantea preguntas profundas sobre la naturaleza de la conciencia y el potencial de los seres artificiales para ayudar a la inmortalidad humana o incluso lograrla.
3. **Avances biotecnológicos** : la tecnología de edición genética CRISPR, la investigación con células madre y los

avances en medicina regenerativa están ampliando los límites de lo posible en términos de salud y longevidad humana. Cada vez somos más capaces de reparar, reemplazar y potencialmente mejorar los sistemas biológicos humanos.

4. **Cambios demográficos** : a medida que aumenta la esperanza de vida mundial y disminuyen las tasas de natalidad en muchos países desarrollados, las sociedades de todo el mundo se enfrentan a los desafíos y oportunidades que presenta el envejecimiento de la población. La perspectiva de una prolongación radical de la vida añade nuevas dimensiones a estos cambios demográficos.

5. **Imperativos éticos y filosóficos** : La posibilidad de prolongar significativamente la vida humana o alcanzar la inmortalidad plantea profundas cuestiones éticas. Cuestiones como la igualdad, la asignación de recursos, la sostenibilidad ambiental y el propósito mismo de la existencia humana pasan a primer plano.

6. **Implicaciones económicas** : La economía de la longevidad, que abarca toda la actividad económica que atiende las necesidades y deseos de las personas mayores de 50 años, ya es una fuerza importante. El potencial de prolongación de la vida humana podría reconfigurar la economía mundial, los mercados laborales y los ecosistemas de innovación.

Comprender estos acontecimientos y sus posibles consecuencias es crucial para cualquiera que intente navegar en el cambiante panorama del siglo XXI y más allá.

Objetivos del libro: qué pueden esperar aprender los lectores

"El futuro eterno" tiene como objetivo ofrecer a los lectores una exploración completa, matizada y estimulante de la inmortalidad humana a través de la lente del progreso tecnológico. Al final de este libro, los lectores podrán:

1. **Obtenga una perspectiva histórica** : comprenda la evolución de la tecnología y cómo las innovaciones pasadas han sentado las bases para los avances actuales en la extensión de la vida y la IA.
2. **Comprender el papel de la IA** : desarrollar una comprensión clara de la inteligencia artificial, con un enfoque en modelos de lenguaje como ChatGPT , y comprender cómo la IA podría contribuir a lograr la inmortalidad humana.
3. **Explore la medicina de vanguardia** : conozca los últimos avances en biotecnología, medicina regenerativa y nanotecnología que están ampliando los límites de la longevidad humana.
4. **Interactúe con cuestiones filosóficas** : profundice en las implicaciones éticas, filosóficas y sociales de la búsqueda de la inmortalidad, incluidos los debates en torno al transhumanismo y la naturaleza de la conciencia.

5. **Visualizar escenarios futuros** : examinar posibles vías hacia la inmortalidad, incluida la transferencia de conciencia digital y el rejuvenecimiento biológico, y considerar su viabilidad e implicaciones.
6. **Afrontar desafíos y riesgos** : analizar críticamente los posibles inconvenientes y peligros asociados con la búsqueda de la inmortalidad, desde los riesgos tecnológicos hasta los trastornos sociales.
7. **Desarrollar opiniones informadas** : adquirir el conocimiento y las herramientas conceptuales para formar perspectivas bien razonadas sobre la conveniencia y viabilidad de la inmortalidad humana.
8. **Inspirar una mayor exploración** : obtener recursos y orientación para el aprendizaje continuo y el compromiso con este campo en rápida evolución.

A lo largo de este viaje, mantendremos un equilibrio entre el optimismo por los beneficios potenciales de estas tecnologías y

un examen crítico de sus riesgos y limitaciones. Nos basaremos en investigaciones científicas actuales, opiniones de expertos y discursos filosóficos para ofrecer una visión integral de este tema complejo.

A medida que avanzamos en la exploración de este libro, prepárese para desafiar sus preconcepciones, ampliar su comprensión de lo que es posible y contemplar las profundas implicaciones de un mundo en el que la muerte podría volverse opcional. Ya sea un entusiasta de la tecnología, un estudiante de filosofía o simplemente sienta curiosidad por el futuro de la humanidad, este libro le brindará las perspectivas y el conocimiento necesarios para abordar de manera significativa una de las preguntas más importantes de nuestro tiempo: ¿Qué significa ser humano en una era de inmortalidad potencial?

Comencemos este viaje hacia el futuro eterno, donde los límites entre la ciencia ficción y la realidad se difuminan, y donde

la mayor aventura de la existencia humana –la búsqueda para superar la muerte misma– se desarrolla ante nuestros ojos.

CAPÍTULO 1

LA EVOLUCIÓN DE LA TECNOLOGÍA

A medida que comenzamos nuestra exploración de la inmortalidad humana a través de los avances tecnológicos, es fundamental comprender el camino que nos ha llevado hasta este punto. Este capítulo nos lleva en un viaje a través de la notable evolución de la tecnología, desde las fábricas llenas de humo de la Revolución Industrial hasta los relucientes centros de datos de la Era Digital.

Seguiremos el arco de la innovación humana, examinando cómo cada avance se ha basado en el anterior, creando una cascada de progreso que ha transformado nuestro mundo. Al comprender esta historia, podemos apreciar mejor el extraordinario ritmo de los avances actuales y vislumbrar los futuros potenciales que nos esperan.

Nuestro viaje cubrirá tres áreas principales:

1. La historia de la tecnología, centrándose en las principales revoluciones tecnológicas que han definido la era moderna.
2. Los grandes avances de nuestro tiempo: Internet, la Inteligencia Artificial y la Biotecnología.
3. Cómo estos avances han alterado fundamentalmente nuestras percepciones de la vida y la muerte.

A medida que explicamos estos temas, tenga en cuenta que cada innovación que analizamos nos ha acercado un paso más a la tentadora posibilidad de prolongar la vida humana indefinidamente. La historia de la tecnología es, en muchos sentidos, la historia de la búsqueda constante de la humanidad para superar nuestras limitaciones, incluida, tal vez, la limitación última de la mortalidad misma.

Comencemos trazando el camino del ingenio humano que nos ha llevado al borde de lo que podría ser la transformación más profunda en la historia de nuestra especie.

Historia de la tecnología: desde la revolución industrial hasta la era digital

La historia del progreso humano está inextricablemente ligada al desarrollo de la tecnología. En los últimos siglos hemos sido testigos de cambios espectaculares en la forma en que vivimos, trabajamos e interactuamos con el mundo que nos rodea.

Para entender hacia dónde nos dirigimos, primero debemos entender dónde hemos estado. Examinemos los períodos clave de esta evolución tecnológica:

La Revolución Industrial (finales del siglo XVIII y principios del siglo XIX)

La Revolución Industrial marcó un cambio fundamental desde la producción manual a las máquinas, los nuevos procesos de fabricación de productos químicos y la generación eficiente de energía. Este período sentó las bases de la sociedad industrial moderna y preparó el terreno para los rápidos avances tecnológicos que vendrían después.

Los desarrollos clave incluyeron:

1. **La máquina de vapor:** La invención de la máquina de vapor por parte de James Watt en 1769 revolucionó la industria y el transporte. Esta innovación permitió la creación de

fábricas que no dependían de la energía hidráulica, lo que dio lugar a un auge de la producción industrial.

2. **Industria textil:** Innovaciones como la máquina de hilar Jenny (inventada por James Hargreaves en 1764) y el telar mecánico (desarrollado por Edmund Cartwright en 1784) aumentaron enormemente la eficiencia de la producción. Estas máquinas permitieron la producción en masa de textiles, haciendo que la ropa fuera más asequible y accesible.

3. **Metalurgia:** Las mejoras en las técnicas de producción de hierro, como el proceso de pudling desarrollado por Henry Cort en 1784, dieron lugar a materiales más resistentes y duraderos. Este avance fue crucial para el desarrollo de la maquinaria, los ferrocarriles y la construcción.

4. **Transporte:** El desarrollo de los ferrocarriles y los barcos de vapor redujo drásticamente los tiempos y los costos de los viajes. La primera locomotora de vapor comercial, construida por Richard

Trevithick en 1804, allanó el camino para las redes ferroviarias que pronto atravesarían los continentes.

5. **Agricultura:** Innovaciones como la sembradora (perfeccionada por Jethro Tull a principios del siglo XVIII) y la segadora mecánica (inventada por Cyrus McCormick en 1831) aumentaron la eficiencia de la producción de alimentos, apoyando a las crecientes poblaciones urbanas.

Estos avances dieron lugar a importantes cambios sociales, entre ellos:

- **Urbanización:** A medida que las fábricas atrajeron trabajadores de las zonas rurales, las ciudades se expandieron rápidamente.
- **El auge del sistema fabril:** la organización del trabajo cambió drásticamente y los trabajadores se reunieron en lugares centralizados en lugar de trabajar desde casa.
- **Surgimiento de nuevas clases sociales:** Los capitalistas industriales y

la clase trabajadora urbana se convirtieron en fuerzas sociales y políticas importantes.

- **Impacto ambiental:** El aumento de la actividad industrial provocó contaminación y degradación ambiental, problemas con los que seguimos lidiando hoy en día.

La Revolución Industrial puso en marcha un proceso de cambio tecnológico que continúa hasta nuestros días. Demostró la capacidad de la humanidad para transformar nuestro entorno y nuestras vidas a través de la innovación, un tema que se repetirá a lo largo de nuestra exploración de posibles caminos hacia la inmortalidad.

La segunda revolución industrial (finales del siglo XIX y principios del XX)

También conocida como la Revolución Tecnológica, este período fue testigo de rápidos avances en diversos campos, basándose en las bases establecidas durante la primera Revolución Industrial. Esta era se caracterizó por nuevas formas de generación de energía, mejores tecnologías de comunicación y el auge de las técnicas de producción en masa.

Los desarrollos clave incluyeron:

1. **Electricidad:** La adopción generalizada de la energía eléctrica transformó tanto la industria como la vida cotidiana. El desarrollo de la primera bombilla incandescente de larga duración por parte de Thomas Edison en 1879 y el posterior establecimiento de redes de distribución eléctrica cambiaron el ritmo de la actividad

humana, ampliando las horas productivas más allá de la luz del día.

2. **Comunicaciones:** La invención del teléfono por Alexander Graham Bell en 1876 y el desarrollo de la transmisión de radio a larga distancia por parte de Guglielmo Marconi en la década de 1890 revolucionaron las comunicaciones a larga distancia. Estas tecnologías comprimieron el tiempo y el espacio, lo que permitió una comunicación casi instantánea a través de grandes distancias.

3. **Producción en masa:** la implementación de la línea de montaje móvil para la producción de automóviles por parte de Henry Ford en 1913 aumentó drásticamente la eficiencia de la fabricación. Esta innovación redujo el tiempo de fabricación de un automóvil de más de 12 horas a solo 2 horas y 30 minutos, lo que hizo que los automóviles fueran asequibles para la clase media y revolucionó no solo la fabricación, sino también la planificación urbana y la movilidad social.

4. **Industrias químicas:** El desarrollo de nuevos materiales sintéticos y fertilizantes amplió las posibilidades de la industria y la agricultura. El proceso Haber-Bosch, desarrollado a principios del siglo XX, permitió producir amoniaco a partir del nitrógeno atmosférico, lo que aumentó enormemente el rendimiento de los cultivos mediante el uso de fertilizantes nitrogenados.
5. **Producción de acero:** El proceso Bessemer, inventado por Henry Bessemer en 1856, permitió la producción en masa de acero. Este material, más resistente y versátil, permitió la construcción de rascacielos, puentes más largos y máquinas más potentes.
6. **Motor de combustión interna:** El refinamiento del motor de combustión interna a finales del siglo XIX por ingenieros como Gottlieb Daimler y Wilhelm Maybach condujo al desarrollo de automóviles y aviones, cambiando drásticamente el transporte y la guerra.

Las repercusiones de estas innovaciones fueron de amplio alcance:

- **Globalización:** La mejora del transporte y las comunicaciones facilitó el comercio mundial y el intercambio cultural.
- **Urbanización:** Las ciudades continuaron creciendo y los rascacielos transformaron los horizontes urbanos.
- **Cultura del consumo:** la producción en masa hizo que una amplia gama de bienes fuera asequible para la clase media, lo que alimentó el consumismo.
- **Guerra:** Las nuevas tecnologías dieron lugar a armas más destructivas, cambiando la naturaleza del conflicto.
- **Trabajo y mano de obra:** la producción en cadena condujo a una mayor especialización del trabajo y a debates sobre las condiciones y los derechos de los trabajadores.

La Segunda Revolución Industrial aceleró aún más el ritmo de cambio marcado por la primera, demostrando que el progreso

tecnológico no era un acontecimiento puntual, sino un proceso continuo. Este período preparó el terreno para la revolución digital que vendría después, continuando la tendencia de las tecnologías que amplían las capacidades humanas y difuminan las fronteras entre lo posible y lo imposible.

La revolución digital (finales del siglo XX hasta la actualidad)

También conocida como la Tercera Revolución Industrial, esta era se ha caracterizado por el paso de la tecnología electrónica mecánica y analógica a la electrónica digital. Esta transformación ha sido tan profunda que ha transformado prácticamente todos los aspectos de la vida humana, desde cómo trabajamos y nos comunicamos hasta cómo nos entretenemos y gestionamos nuestra salud.

Los avances más importantes incluyen:

1. **Computadoras:** El desarrollo de los transistores en 1947 por parte de John Bardeen, Walter Brattain y William Shockley en los Laboratorios Bell marcó el comienzo de la era de las computadoras. A esto le siguió la creación de los circuitos integrados en 1958 por parte de Jack Kilby y Robert Noyce , lo que dio lugar a computadoras cada vez más potentes y compactas. La revolución de las computadoras personales, iniciada por máquinas como la Apple II (1977) y la IBM PC (1981), llevó la potencia informática a los hogares y las oficinas.
2. **Internet:** La creación de una red global ha transformado la comunicación, el comercio y el acceso a la información. Las bases de Internet se sentaron en la década de 1960 con el proyecto ARPANET. La World Wide Web, inventada por Tim Berners-Lee en 1989, hizo que Internet fuera accesible al público en general. El auge de los

motores de búsqueda como Google (fundado en 1998) hizo posible la navegación por las enormes cantidades de información en línea.

3. **Tecnología móvil:** el desarrollo de las redes celulares y de los dispositivos móviles cada vez más potentes ha puesto las capacidades informáticas en nuestros bolsillos. El lanzamiento del iPhone en 2007 marcó un punto de inflexión, marcando el comienzo de la era de los teléfonos inteligentes y haciendo de la informática móvil una parte de la vida cotidiana de miles de millones de personas.

4. **Automatización:** la robótica y el software han asumido muchas tareas rutinarias en la industria y los servicios. Los robots industriales, introducidos por primera vez por Unimation en 1961, se han vuelto cada vez más sofisticados. En los últimos años, la automatización del software y la inteligencia artificial también han comenzado a tener un impacto en el trabajo administrativo.

5. **Big Data y computación en la nube:** la capacidad de recopilar, almacenar y analizar grandes cantidades de datos ha abierto nuevas fronteras en la ciencia, los negocios y la gobernanza. Los servicios de computación en la nube, iniciados por Amazon Web Services en 2006, han puesto a disposición de personas y organizaciones de todos los tamaños recursos informáticos de gran alcance.

6. **Redes sociales:** plataformas como Facebook (2004), Twitter (2006) e Instagram (2010) han cambiado la forma en que interactuamos, compartimos información y formamos comunidades. Estas tecnologías han tenido efectos profundos en todo, desde las relaciones personales hasta los movimientos políticos.

7. **Internet de las cosas (IoT):** la proliferación de dispositivos conectados a Internet, desde electrodomésticos inteligentes hasta sensores industriales, está creando nuevas posibilidades para

la automatización y la recopilación de datos.

Los impactos de la revolución digital han sido de largo alcance y todavía se están desarrollando:

- **Globalización:** Las tecnologías digitales han creado un mundo más interconectado, permitiendo la comunicación y la colaboración global en tiempo real.
- **Acceso a la información:** Internet ha democratizado el acceso a la información, aunque las cuestiones de brecha digital y calidad de la información siguen siendo un desafío.
- **Economía:** El comercio electrónico, las monedas digitales y la economía colaborativa están transformando las estructuras económicas y los patrones de empleo.
- **Privacidad y seguridad:** La recopilación y el uso de datos personales han suscitado importantes

preocupaciones sobre la privacidad y la ciberseguridad .
- **Educación:** Las plataformas y recursos de aprendizaje en línea están cambiando la forma en que se transmite y adquiere el conocimiento.
- **Atención médica:** los registros médicos electrónicos, la telemedicina y los diagnósticos asistidos por IA están transformando la atención médica.
- **Entretenimiento:** Los servicios de streaming, los videojuegos y las redes sociales han cambiado la forma en que consumimos y creamos contenido.

Mientras nos encontramos en medio de esta revolución en curso, resulta evidente que las tecnologías digitales desempeñarán un papel crucial en cualquier camino potencial hacia la prolongación de la vida humana o la inmortalidad. Desde la investigación médica impulsada por la inteligencia artificial hasta la posibilidad de digitalizar la conciencia humana, muchas de las vías más prometedoras para prolongar la vida humana están

profundamente arraigadas en las tecnologías digitales que han transformado nuestro mundo en las últimas décadas.

Los grandes avances: Internet, inteligencia artificial y biotecnología

Si bien la revolución digital abarca una amplia gama de tecnologías, tres áreas se destacan por su potencial para alterar fundamentalmente la condición humana: Internet, la inteligencia artificial y la biotecnología. Permítanme explicar cada una de ellas con más profundidad:

La Internet

Internet ha cambiado radicalmente la forma en que nos comunicamos, accedemos a la información y llevamos a cabo negocios. Representa un cambio de paradigma en la conectividad humana y el intercambio de información.

Los aspectos clave de la revolución de Internet incluyen:

1. **World Wide Web:** la invención de Tim Berners-Lee en 1989 hizo que Internet fuera accesible al público en general. La interfaz de la Web, fácil de usar y la estructura de hipervínculos, permitieron una navegación sencilla por el contenido en línea, lo que provocó un rápido crecimiento del uso de Internet.
2. **Comercio electrónico:** las compras en línea han transformado el comercio minorista y han creado nuevos modelos de negocio. Empresas como Amazon (fundada en 1994) y eBay (1995) fueron pioneras en nuevas formas de comprar y vender bienes, desafiando al comercio minorista tradicional.
3. **Redes sociales:** plataformas como Facebook, Twitter e Instagram han cambiado la interacción social y el intercambio de información. Estas plataformas han creado nuevas formas de comunidad, han alterado la forma en que se difunden las noticias y la

información e incluso han influido en los procesos políticos.

4. **Computación en la nube:** la capacidad de acceder a vastos recursos informáticos de forma remota ha posibilitado la aparición de nuevos servicios y modelos de negocio. Las plataformas en la nube han democratizado el acceso a recursos informáticos potentes, lo que permite a las empresas emergentes y a los particulares aprovechar capacidades que antes estaban reservadas a las grandes organizaciones.

5. **Big Data:** Las enormes cantidades de datos generados por la actividad en Internet han creado nuevas oportunidades de análisis y conocimiento, lo que ha dado lugar a avances en campos que van desde el marketing hasta la investigación científica.

6. **Internet de las cosas (IoT):** la creciente red de dispositivos conectados a Internet está creando nuevas posibilidades para la automatización y la

recopilación de datos en áreas como hogares inteligentes, atención médica y procesos industriales.

El impacto de Internet en la sociedad ha sido profundo:

- Se ha democratizado el acceso a la información, aunque las cuestiones de alfabetización digital y la "brecha digital" siguen siendo un desafío.
- Ha creado nuevas formas de comunidad e interacción social, trascendiendo las fronteras geográficas.
- Ha transformado industrias, alterando los modelos de negocio tradicionales y creando otros nuevos.
- Ha cambiado la forma en que trabajamos, permitiendo el trabajo remoto y la colaboración global.
- Ha alterado la forma en que consumimos medios y entretenimiento, lo que ha llevado al auge de los servicios de streaming y de los influencers en las redes sociales.

En el contexto de la longevidad humana y la posible inmortalidad, Internet desempeña un papel crucial: facilita el intercambio rápido de investigaciones científicas, permite la colaboración global en problemas complejos y podría servir como plataforma para preservar la memoria humana o incluso la conciencia en forma digital.

Inteligencia artificial

La inteligencia artificial (IA) ha avanzado considerablemente en los últimos años y ha pasado de ser un campo académico de nicho a convertirse en una tecnología con aplicaciones prácticas de amplio alcance. El potencial de la IA para aumentar y potencialmente superar las capacidades cognitivas humanas la convierte en una tecnología clave en la búsqueda de extender las capacidades y la esperanza de vida de los seres humanos.

Los avances clave en IA incluyen:

1. **Aprendizaje automático:** los algoritmos que pueden aprender de los datos han permitido avances en el reconocimiento de imágenes y voz, el procesamiento del lenguaje natural y el análisis predictivo. Técnicas como el aprendizaje profundo, basado en redes neuronales artificiales, han logrado un rendimiento a nivel humano o sobrehumano en tareas que van desde jugar (por ejemplo, la victoria de AlphaGo sobre los campeones mundiales de Go) hasta el diagnóstico médico.
2. **Procesamiento del lenguaje natural (PLN):** la IA ahora puede comprender y generar lenguaje humano con una sofisticación cada vez mayor. Esto ha dado lugar a aplicaciones como chatbots , asistentes de voz (por ejemplo, Siri , Alexa) y servicios de traducción de idiomas. Los modelos de lenguaje avanzados como GPT-3 pueden generar texto similar al humano, lo que

plantea preguntas sobre la naturaleza de la comprensión del lenguaje y la creatividad.

3. **Visión artificial:** los sistemas de IA ahora pueden reconocer e interpretar información visual del mundo, lo que permite aplicaciones como reconocimiento facial, vehículos autónomos y análisis automatizado de imágenes médicas.

4. **Robótica:** La combinación de IA con máquinas físicas ha dado lugar a robots más capaces y flexibles, utilizados en entornos de fabricación, atención médica e incluso domésticos.

5. **Sistemas expertos y soporte de decisiones:** la IA se está utilizando para mejorar la toma de decisiones humanas en campos como las finanzas, la atención médica y los servicios legales, analizando grandes cantidades de datos para brindar información y recomendaciones.

Las implicaciones del avance de la IA son de amplio alcance:

- Está cambiando la naturaleza del trabajo, automatizando tareas rutinarias y creando nuevos roles centrados en el desarrollo y la supervisión de la IA.
- Está mejorando la investigación científica, ayudando a analizar conjuntos de datos complejos e incluso a generar hipótesis.
- Está planteando cuestiones éticas sobre la privacidad, los prejuicios y el potencial de la IA para tomar decisiones que afectan las vidas humanas.
- Está provocando debates filosóficos sobre la naturaleza de la inteligencia y la conciencia.

En el contexto de la longevidad humana, la IA tiene varias aplicaciones prometedoras:

- **Descubrimiento de fármacos:** la IA puede analizar grandes conjuntos de datos químicos y biológicos para identificar posibles nuevos tratamientos

para enfermedades relacionadas con la edad.

- **Medicina personalizada:** la IA puede ayudar a adaptar los tratamientos médicos a los perfiles genéticos individuales, aumentando potencialmente su eficacia.
- **Monitoreo de la salud:** los dispositivos impulsados por IA pueden monitorear continuamente los indicadores de salud y detectar problemas antes de que se vuelvan graves.
- **Interfaces cerebro-computadora:** la IA podría potencialmente mejorar las capacidades cognitivas humanas o incluso servir como plataforma para preservar la conciencia humana.

Biotecnología

Los avances en nuestra comprensión y manipulación de los sistemas biológicos han abierto nuevas fronteras en la medicina, la agricultura e incluso la informática. La biotecnología representa uno de los caminos más directos para prolongar la vida humana y alcanzar potencialmente una forma de inmortalidad biológica.

Las áreas clave de la biotecnología incluyen:

1. **Ingeniería genética:** técnicas como CRISPR-Cas9, descubierta por Jennifer Doudna y Emmanuelle Charpentier , permiten editar con precisión el ADN. Esta tecnología tiene el potencial de curar enfermedades genéticas, mejorar el rendimiento de los cultivos e incluso alterar los rasgos humanos.
2. **Genómica:** La capacidad de secuenciar y analizar genomas completos ha revolucionado la medicina y nuestra

comprensión de la vida. El Proyecto Genoma Humano, finalizado en 2003, marcó un hito en este campo. Hoy en día, las empresas de genómica personal ofrecen información sobre los riesgos de salud y la ascendencia de las personas basándose en datos genéticos.

3. **Biología sintética:** este campo implica la creación de sistemas biológicos artificiales para investigación, ingeniería y aplicaciones médicas. La biología sintética ha llevado al desarrollo de nuevos materiales, biocombustibles e incluso organismos artificiales con genomas diseñados a medida.

4. **Investigación con células madre:** el estudio de células indiferenciadas capaces de convertirse en varios tipos de células especializadas ha abierto nuevas posibilidades en la medicina regenerativa. Las células madre pluripotentes inducidas (iPSC), creadas por primera vez por Shinya Yamanaka en 2006, permiten la creación de células madre a partir de células adultas, evitando las preocupaciones éticas

relacionadas con las células madre embrionarias.
5. **Bioinformática:** La aplicación de la informática y la estadística a los datos biológicos ha permitido el análisis de sistemas biológicos complejos, desde el plegamiento de proteínas hasta la dinámica de los ecosistemas.
6. **Nanobiotecnología :** La convergencia de la nanotecnología y la biotecnología está dando lugar a nuevas herramientas de diagnóstico, sistemas de administración de fármacos y posibles tratamientos a nivel molecular.

Los impactos de los avances de la biotecnología son profundos:

- En medicina, está conduciendo a diagnósticos más precisos, tratamientos personalizados y posibles curas para enfermedades que antes eran intratables.
- En la agricultura, esto está dando como resultado cultivos con mayor rendimiento, resistencia a plagas y

enfermedades y perfiles nutricionales mejorados. Los organismos genéticamente modificados (OGM) se han convertido en una herramienta poderosa y un tema de controversia.
- En la industria, permite la producción de nuevos materiales y procesos de fabricación más eficientes y respetuosos con el medio ambiente.
- En conservación ambiental, se trata de proporcionar herramientas para monitorear la salud de los ecosistemas y potencialmente restaurar ambientes dañados.
- En la ciencia forense y la aplicación de la ley, el análisis de ADN ha revolucionado las investigaciones criminales y los procedimientos legales.

En el contexto de la longevidad humana y la potencial inmortalidad, la biotecnología ofrece varias vías prometedoras:

1. **Terapia genética:** la capacidad de corregir o reemplazar genes defectuosos podría potencialmente curar trastornos

genéticos y mitigar los factores genéticos que contribuyen al envejecimiento.
2. **Medicina regenerativa:** Las terapias con células madre y la ingeniería de tejidos podrían permitir la reparación o el reemplazo de órganos y tejidos dañados, extendiendo potencialmente la esperanza de vida y la salud .
3. **Investigación antienvejecimiento:** comprender los procesos genéticos y bioquímicos del envejecimiento a nivel molecular podría conducir a intervenciones que retrasen o potencialmente reviertan el proceso de envejecimiento.
4. **Biología sintética:** La creación de sistemas biológicos artificiales podría conducir potencialmente a nuevas formas de apoyar o mejorar las funciones biológicas humanas.
5. **Interfaces cerebro-computadora:** La fusión de sistemas biológicos y electrónicos podría mejorar las funciones cognitivas y potencialmente proporcionar un camino para preservar

la conciencia más allá de las limitaciones del cuerpo biológico.

¿Cómo han cambiado estos avances nuestra percepción de la vida y la muerte?

El rápido ritmo del progreso tecnológico, particularmente en los campos de la tecnología digital, la IA y la biotecnología, ha impactado profundamente la forma en que vemos la vida, la muerte y los límites entre ellas:

1. **Mayor esperanza de vida:** los avances médicos han aumentado significativamente la esperanza de vida promedio en muchas partes del mundo. En 1900, la esperanza de vida global era de solo 31 años. En 2021, había aumentado a 72,8 años a nivel mundial, y algunos países superan los 80 años. Este aumento drástico ha alterado nuestras expectativas sobre la duración y la calidad de vida.
2. **Calidad de vida:** la tecnología ha mejorado la calidad de vida de muchas

personas, incluidas aquellas con discapacidades o enfermedades crónicas. Las prótesis, los implantes y las tecnologías de asistencia han ampliado las capacidades del cuerpo humano, desafiando las nociones tradicionales de las limitaciones humanas.

3. **Vida digital después de la muerte:** las redes sociales y los archivos digitales permiten que la presencia en línea de una persona continúe después de su muerte. Ahora existen servicios que utilizan inteligencia artificial para simular conversaciones con personas fallecidas en función de su huella digital, lo que difumina la línea entre presencia y ausencia después de la muerte.

4. **Redefinición de la muerte:** Los sistemas avanzados de soporte vital han complicado la definición de cuándo termina la vida. El concepto de muerte cerebral, definido por primera vez en 1968, surgió como resultado de nuestra capacidad de mantener artificialmente las funciones corporales. La posibilidad

de revivir a individuos criogénicamente preservados complica aún más nuestra comprensión de la irrevocabilidad de la muerte.

5. **Ideas transhumanistas :** algunos imaginan que la tecnología nos permitirá trascender las limitaciones humanas tradicionales, incluida la mortalidad. Conceptos como la transferencia de la mente, en la que la conciencia humana podría transferirse a un vehículo digital o robótico, desafían nuestras definiciones de lo que constituye la vida y la personalidad.

6. **Debates éticos:** La posibilidad de una prolongación radical de la vida plantea interrogantes sobre la asignación de recursos, la superpoblación y el significado de una vida "natural". También da lugar a debates sobre las implicaciones sociales y económicas de un mundo en el que la muerte sea opcional para quienes puedan permitirse tecnologías que prolonguen la vida.

7. **Impacto psicológico:** La mayor expectativa de vida y la perspectiva de prolongarla aún más están cambiando la forma en que las personas planifican el futuro y ven su propia mortalidad. Este cambio puede afectar todo, desde las opciones profesionales y la planificación de la jubilación hasta las estructuras familiares y las relaciones personales.
8. **Cambios en la visión sobre el envejecimiento:** a medida que mejora nuestra capacidad para mitigar los efectos del envejecimiento, existe una visión creciente del envejecimiento en sí mismo como una "enfermedad" que debe curarse en lugar de un proceso inevitable que debe aceptarse.
9. **Redefiniendo el potencial humano:** A medida que la tecnología aumenta las capacidades humanas, desde mejoras cognitivas hasta mejoras físicas, estamos reconsiderando lo que significa ser humano y lo que los humanos son capaces de lograr.
10. **Perspectivas espirituales y filosóficas cambiantes:** los avances

tecnológicos que prolongan la vida o difuminan la línea entre la vida y la muerte desafían las visiones espirituales y filosóficas tradicionales sobre el significado y el propósito de la vida, la naturaleza del alma y el papel de la mortalidad en la experiencia humana.

A medida que sigamos ampliando los límites de lo tecnológicamente posible, es probable que nuestra comprensión de la vida y la muerte siga evolucionando. Los avances que hemos visto hasta ahora pueden ser solo el comienzo de una transformación profunda en la experiencia humana.

La búsqueda de la inmortalidad, que antes era un asunto de mitología y ciencia ficción, se está convirtiendo cada vez más en una tarea científica seria. Si bien la verdadera inmortalidad sigue estando más allá de nuestras capacidades actuales, el rápido ritmo del progreso tecnológico nos está acercando a una esperanza de vida

significativamente más larga y a una mejor calidad de vida.

A medida que avancemos en este libro, explicaremos con mayor profundidad cómo se están aprovechando estos fundamentos tecnológicos (en particular la IA y la biotecnología) en la búsqueda de la inmortalidad humana, los desafíos y las consideraciones éticas que plantea esta búsqueda y los futuros potenciales que podría crear.

¡Por favor comparte tus pensamientos en Amazon!

Tu opinión ayuda:

- Difunda la palabra sobre la inmortalidad
- Apoya a los autores independientes
- Fomentar más investigaciones sobre la longevidad

Cómo dejar una reseña:

- Ir a la página del libro en Amazon
- Haga clic en "Escribir una reseña de cliente"
- Comparte tus pensamientos honestos
- Haga clic en enviar

Si este libro le resultó útil, ¡considere dejar una reseña de 5 estrellas!

Su apoyo ayuda a impulsar una mayor exploración del fascinante mundo de la inmortalidad humana y el progreso tecnológico.

CAPÍTULO 2:

INTELIGENCIA ARTIFICIAL Y CHATGPT

A medida que profundizamos en nuestra exploración de la inmortalidad humana a través de los avances tecnológicos, nos encontramos en la frontera de una de las tecnologías más transformadoras de nuestro tiempo: la inteligencia artificial (IA). En este capítulo, profundizaremos en el mundo de la IA, con un enfoque particular en modelos de lenguaje avanzados como ChatGPT. Explicaremos cómo funcionan estas tecnologías, sus aplicaciones actuales y su papel potencial en la búsqueda de la inmortalidad humana.

El rápido avance de la IA ha suscitado tanto entusiasmo como preocupación en diversos sectores de la sociedad. Desde la atención sanitaria hasta las finanzas, desde la educación hasta el entretenimiento, la IA está transformando la forma en que

vivimos, trabajamos e interactuamos. Como veremos, también puede desempeñar un papel crucial en la prolongación de la esperanza de vida humana y, potencialmente, en el logro de una forma de inmortalidad.

Comencemos nuestro viaje hacia el reino de la inteligencia artificial, donde las máquinas están aprendiendo a pensar, comunicarse y crear de maneras que antes eran dominio exclusivo de la cognición humana.

¿Qué es la IA?

Definición y tipos de IA

La inteligencia artificial, en esencia, se refiere al desarrollo de sistemas informáticos capaces de realizar tareas que normalmente requieren inteligencia humana. Estas tareas incluyen la percepción visual, el reconocimiento de voz, la toma de decisiones y la traducción de idiomas, entre otras. Sin embargo, definir la IA no es tan sencillo como parece, en parte porque nuestra comprensión de la inteligencia en sí misma aún está evolucionando.

John McCarthy, uno de los pioneros de la IA, la definió como "la ciencia y la ingeniería de crear máquinas inteligentes". Esta definición, aunque concisa, plantea una serie de preguntas: ¿Qué queremos decir con "inteligente"? ¿Cómo medimos la inteligencia de las máquinas? ¿Pueden las máquinas realmente "pensar"?

Para comprender mejor la IA, es útil clasificarla en diferentes tipos según sus capacidades y diseño:

1. **IA estrecha (o débil):** este tipo de IA está diseñada para realizar una tarea específica o un rango reducido de tareas. La mayoría de la IA con la que interactuamos hoy en día se incluye en esta categoría. Algunos ejemplos son:
    - Asistentes de voz como Siri o Alexa
    - Sistemas de reconocimiento de imágenes utilizados en aplicaciones de fotografía
    - Algoritmos de recomendación en plataformas de streaming
    - Programas para jugar al ajedrez

    La IA limitada a menudo puede superar a los humanos en su dominio específico, pero carece de la capacidad de transferir sus habilidades a otras tareas.

2. **IA general (o fuerte):** se refiere a los sistemas de IA que poseen la capacidad de comprender, aprender y aplicar conocimientos en una amplia gama de tareas, de manera similar a la inteligencia humana. Hasta el momento, la IA general sigue siendo teórica: aún no hemos creado sistemas de IA que puedan igualar la amplitud y la adaptabilidad de la inteligencia humana.
3. **Superinteligencia artificial (IA):** se trata de un tipo hipotético de IA que superaría la inteligencia humana no solo en tareas específicas, sino en todos los ámbitos, incluida la creatividad científica, la sabiduría general y las habilidades sociales. El concepto de IA es central en muchos debates sobre las implicaciones a largo plazo y los riesgos potenciales del desarrollo de la IA.

El desarrollo de la IA ha estado marcado por varios enfoques y paradigmas:

- **Sistemas basados en reglas:** los primeros sistemas de IA a menudo se basaban en reglas codificadas y árboles de decisiones.
- **Aprendizaje automático:** este enfoque se centra en la creación de algoritmos que puedan aprender y realizar predicciones o tomar decisiones basadas en datos.
- **Aprendizaje profundo:** un subconjunto del aprendizaje automático basado en redes neuronales artificiales, inspirado en la estructura del cerebro humano.
- **Aprendizaje por refuerzo:** un enfoque en el que los agentes de IA aprenden a tomar decisiones al ser recompensados o penalizados por sus acciones en un entorno determinado.

En 2024, la mayoría de las aplicaciones prácticas de la IA se enmarcan en la categoría de IA limitada, que suele utilizar

métodos de aprendizaje automático y aprendizaje profundo. Sin embargo, la investigación sigue ampliando los límites con el objetivo de crear sistemas de IA más generales y adaptables.

El campo de la IA está evolucionando rápidamente y surgen nuevos avances y aplicaciones con regularidad. En la siguiente sección, nos centraremos en uno de los desarrollos recientes más impresionantes en IA: los modelos de lenguaje de gran tamaño como ChatGPT.

ChatGPT y modelos de lenguaje: cómo funcionan y aplicaciones

ChatGPT representa un avance significativo en el campo del procesamiento del lenguaje natural (PLN), una rama de la IA centrada en permitir que las computadoras comprendan, interpreten y generen el lenguaje humano. Para comprender ChatGPT, primero debemos comprender el concepto de modelos de lenguaje.

¿Qué son los modelos de lenguaje?

Los modelos de lenguaje son sistemas de inteligencia artificial entrenados con grandes cantidades de datos de texto para predecir la probabilidad de una secuencia de palabras. En esencia, aprenden los patrones y las estructuras del lenguaje, lo que les permite generar textos similares a los humanos, responder preguntas y realizar diversas tareas relacionadas con el lenguaje.

El desarrollo de los modelos lingüísticos ha pasado por varias generaciones:

1. **Modelos de N-gramas:** modelos estadísticos simples que predicen la siguiente palabra basándose en las N palabras anteriores.
2. **Redes neuronales recurrentes (RNN):** redes neuronales que pueden procesar secuencias de datos, mejorando los modelos de N-gramas al considerar dependencias a largo plazo en el lenguaje.

3. **Modelos de transformador:** introducidos en 2017, estos modelos utilizan un mecanismo de atención para procesar secuencias enteras en paralelo, lo que genera mejoras significativas en el rendimiento y la capacidad de manejar contextos más largos.

ChatGPT se basa en la arquitectura GPT (Transformador preentrenado generativo), que pertenece a la familia de modelos de transformadores.

Cómo funciona ChatGPT

ChatGPT , desarrollado por OpenAI , se entrena mediante un método llamado aprendizaje no supervisado, en el que el modelo aprende de un vasto corpus de texto sin etiquetado explícito. El proceso de entrenamiento implica:

1. **Entrenamiento previo:** el modelo se expone a una amplia variedad de textos de Internet y aprende a predecir la

siguiente palabra de una secuencia. Esto le permite desarrollar una comprensión general de los patrones del lenguaje.
2. **Ajuste fino:** el modelo previamente entrenado se ajusta luego con conjuntos de datos más específicos, a menudo mediante una técnica llamada aprendizaje por refuerzo a partir de la retroalimentación humana (RLHF). Esto ayuda a alinear los resultados del modelo con las preferencias e instrucciones humanas.

Cuando interactúas con ChatGPT , esto es lo que sucede:

1. Su entrada se tokeniza, es decir, se divide en unidades más pequeñas que el modelo puede procesar.
2. El modelo procesa estos tokens, utilizando sus patrones aprendidos para predecir los próximos tokens más probables.
3. Estas predicciones se convierten nuevamente en texto legible para

humanos, que forma la respuesta del modelo.
4. Este proceso se repite en cada turno de la conversación y el modelo considera todo el historial de la conversación para mantener el contexto.

Aplicaciones de ChatGPT y modelos similares

Las capacidades de modelos como ChatGPT han abierto una amplia gama de aplicaciones:

1. **Creación de contenido:** desde la redacción de artículos e historias hasta la generación de textos de marketing, estos modelos pueden ayudar en diversas formas de creación de contenido.
2. **Traducción de idiomas:** si bien no es su función principal, los modelos de idiomas grandes pueden realizar tareas de traducción impresionantes en varios idiomas.

3. **Servicio al cliente:** Los chatbots impulsados por modelos de lenguaje avanzados pueden manejar consultas complejas de clientes, proporcionando interacciones más naturales y útiles.
4. **Educación y tutoría:** estos modelos pueden explicar conceptos complejos, responder preguntas e incluso brindar experiencias de aprendizaje personalizadas.
5. **Generación de código:** modelos como GitHub Copilot, basados en tecnología similar, pueden ayudar a los programadores sugiriendo fragmentos de código y soluciones.
6. **Asistencia en investigación:** Pueden resumir artículos de investigación, generar hipótesis y ayudar en revisiones de literatura.
7. **Escritura creativa:** desde poesía hasta guiones cinematográficos, estos modelos pueden ayudar en diversas formas de escritura creativa.
8. **Apoyo de salud mental:** si bien no reemplazan la ayuda profesional, estos modelos pueden brindar una forma de

apoyo conversacional para la salud mental.

Es importante tener en cuenta que, si bien estas aplicaciones son impresionantes, también tienen limitaciones y riesgos potenciales, que analizaremos en la siguiente sección.

Impacto de la IA en la sociedad: cambios en el trabajo, la comunicación, etc.

El auge de la IA, ejemplificado por sistemas avanzados como ChatGPT , está transformando varios aspectos de la sociedad. Exploremos algunas de las áreas clave de impacto:

Cambios en el trabajo

1. **Automatización:** la IA está automatizando un número cada vez mayor de tareas, desde la entrada de datos hasta el análisis complejo. Esto

genera una mayor eficiencia, pero también genera inquietudes sobre la posibilidad de perder puestos de trabajo.

2. **Creación de nuevos empleos:** si bien algunos trabajos se están automatizando, la IA también está creando nuevas categorías laborales, como especialistas en ética de IA, ingenieros de aprendizaje automático y científicos de datos.

3. **Cambio de habilidades:** la fuerza laboral está experimentando un cambio en las habilidades requeridas, con un énfasis creciente en la alfabetización digital, el análisis de datos y la capacidad de trabajar junto con sistemas de IA.

4. **Mejora de la productividad:** las herramientas de IA están aumentando las capacidades humanas, permitiendo a los trabajadores centrarse en tareas de nivel superior mientras la IA se encarga de las operaciones rutinarias.

Cambios en la comunicación

1. **Barreras del idioma:** las herramientas de traducción impulsadas por IA están haciendo que la comunicación interlingüística sea más fácil que nunca.
2. **Moderación de contenido:** se están utilizando sistemas de IA para moderar el contenido en línea a gran escala, influyendo en la naturaleza del discurso en línea.
3. **Comunicación personalizada:** la IA está permitiendo una comunicación hiperpersonalizada en marketing, servicio al cliente e incluso mensajería interpersonal.
4. **Acceso a la información:** las herramientas de búsqueda y resumen impulsadas por inteligencia artificial están cambiando la forma en que accedemos y consumimos información.

Impacto en la atención sanitaria

1. **Diagnóstico:** Los sistemas de IA están ayudando en el diagnóstico médico, a veces superando a los médicos humanos en tareas específicas como la identificación de ciertos tipos de cáncer a partir de imágenes médicas.
2. **Descubrimiento de fármacos:** la IA está acelerando el proceso de descubrimiento y desarrollo de fármacos, lo que potencialmente conduce a curas más rápidas de enfermedades.
3. **Medicina personalizada:** el análisis de datos genéticos y de salud mediante inteligencia artificial está allanando el camino para planes de tratamiento más personalizados.
4. **Salud mental:** Los chatbots de IA se están utilizando como primera línea de apoyo para problemas de salud mental, aunque siguen existiendo preocupaciones éticas sobre su uso en esta área tan sensible.

Impacto en la educación

1. **Aprendizaje personalizado:** la IA puede adaptarse a los estilos y ritmos de aprendizaje individuales, proporcionando una experiencia educativa más personalizada.
2. **Sistemas de tutoría inteligente:** los tutores de IA pueden brindar asistencia personalizada a los estudiantes, complementando la instrucción tradicional en el aula.
3. **Tareas administrativas:** la IA está asumiendo muchas tareas administrativas en la educación, liberando tiempo para que los docentes se concentren en la instrucción.

Consideraciones éticas

1. **Privacidad:** La avidez de datos de los sistemas de IA plantea importantes preocupaciones en materia de privacidad, en particular cuando se trata de información personal confidencial.
2. **Sesgo:** Los sistemas de IA pueden perpetuar y amplificar los sesgos sociales existentes si no se diseñan y monitorean cuidadosamente.
3. **Responsabilidad:** A medida que los sistemas de IA toman más decisiones que afectan las vidas humanas, las cuestiones de responsabilidad y transparencia se vuelven cruciales.
4. **Desplazamiento laboral:** si bien la IA crea nuevos empleos, también tiene el potencial de desplazar muchos roles existentes, lo que genera preocupaciones sobre la desigualdad económica.
5. **Desinformación:** La capacidad de la IA para generar texto similar al humano plantea inquietudes sobre el potencial de crear y difundir información errónea a gran escala.

A medida que la IA siga avanzando, es probable que su impacto en la sociedad se profundice y amplíe. Por ello, es fundamental que entablemos un diálogo permanente sobre cómo aprovechar los beneficios de la IA y, al mismo tiempo, mitigar sus riesgos y garantizar que sirva al bien colectivo de la humanidad.

¿Podría algún día la IA superar la inteligencia humana y convertirse en la clave de la inmortalidad?

Al contemplar los rápidos avances de la IA, surge una pregunta provocadora: ¿podría la IA no sólo igualar la inteligencia humana, sino superarla y, al hacerlo, ofrecer potencialmente un camino hacia la inmortalidad? Esta pregunta toca algunas de las áreas más profundas y especulativas de la investigación sobre IA y la filosofía transhumanista .

El concepto de inteligencia artificial general (IAG)

Para considerar la IA como una posible clave para la inmortalidad, primero debemos analizar el concepto de inteligencia artificial general (IAG). A diferencia de los estrechos sistemas de IA que tenemos hoy, la IA tendría la capacidad de comprender, aprender y aplicar el conocimiento en una amplia gama de tareas, de manera similar a la inteligencia humana.

La creación de inteligencia artificial sigue siendo uno de los mayores desafíos en el campo de la IA. Si bien hemos logrado avances significativos en la IA específica, crear un sistema con la flexibilidad y las capacidades generales de resolución de problemas de la mente humana ha demostrado ser increíblemente complejo.

Posibles vías para la IAG

Los investigadores están explorando varios enfoques para lograr la IAG:

1. **Emulación de todo el cerebro:** este enfoque implica crear un modelo detallado del cerebro humano y simularlo en una computadora. Si bien es posible en teoría, requiere un nivel de comprensión del cerebro y de capacidad de procesamiento que aún no poseemos.
2. **Arquitectura cognitiva:** implica la creación de sistemas de IA que imiten la estructura y los procesos de la cognición humana, incluida la percepción, la memoria, el aprendizaje y la toma de decisiones.
3. **Redes neuronales artificiales:** ampliando las técnicas actuales de aprendizaje profundo, algunos investigadores creen que redes neuronales suficientemente grandes y complejas podrían eventualmente exhibir inteligencia general.

4. **Enfoques híbridos:** combinación de múltiples técnicas de IA, incluida IA simbólica, aprendizaje automático y modelado cognitivo.

Investigación sobre inteligencia artificial y longevidad

Incluso antes de que logremos la IAG, la IA ya está desempeñando un papel importante en la investigación sobre la longevidad:

1. **Descubrimiento de fármacos:** los sistemas de IA están acelerando el proceso de identificación de posibles compuestos antienvejecimiento mediante el análisis de vastas bases de datos de información química y biológica.
2. **Monitoreo de salud personalizado:** los dispositivos y aplicaciones impulsados por IA pueden monitorear continuamente los indicadores de salud, detectando potencialmente problemas antes de que se vuelvan graves y

extendiendo la esperanza de vida saludable.

3. **Análisis genético:** la IA está ayudando a desentrañar los factores genéticos asociados con el envejecimiento y la longevidad, lo que potencialmente podría conducir a terapias genéticas que podrían retardar o revertir aspectos del envejecimiento.

4. **Identificación de biomarcadores:** la IA está ayudando a identificar biomarcadores del envejecimiento, lo que podría conducir a intervenciones más efectivas para prolongar la vida útil.

Conceptos especulativos: IA e inmortalidad

Cuando consideramos la IA como una clave potencial para la inmortalidad, entran en juego varios conceptos especulativos:

1. **Carga mental:** es el proceso hipotético de transferir una conciencia humana a un sustrato digital. Si se logra, podría ofrecer una forma de inmortalidad

digital. La IA probablemente desempeñaría un papel crucial tanto en el proceso de carga como en la creación de un entorno digital adecuado para la mente cargada.

2. **Fusión de inteligencia artificial y humanos:** algunos futuristas prevén una fusión gradual de la inteligencia humana y artificial mediante interfaces cerebro-computadora y otras mejoras cibernéticas. Esto podría conducir potencialmente a una forma de inteligencia híbrida que trascienda las limitaciones cognitivas humanas actuales, incluida tal vez la limitación de la mortalidad.

3. **Rejuvenecimiento biológico:** los sistemas de inteligencia artificial avanzados podrían diseñar intervenciones altamente personalizadas para reparar y rejuvenecer la biología humana a nivel celular, extendiendo potencialmente la esperanza de vida indefinidamente.

4. **Cuerpos sintéticos:** La IA podría potencialmente diseñar y controlar

cuerpos sintéticos o avatares que la conciencia humana podría habitar, proporcionando una forma de trascender las limitaciones de nuestros cuerpos biológicos.

Desafíos y limitaciones

Si bien es fascinante considerar estos conceptos, también enfrentan desafíos importantes:

1. **Obstáculos técnicos:** Muchas de estas ideas requieren capacidades tecnológicas que van mucho más allá de las que poseemos actualmente. La complejidad del cerebro y la conciencia humanos hacen que la transferencia de información mental, por ejemplo, sea un enorme desafío.
2. **Consideraciones éticas:** La búsqueda de la inmortalidad gracias a la inteligencia artificial plantea profundas cuestiones éticas. ¿Quién tendría acceso a esa tecnología? ¿Qué impacto tendría

en la sociedad y las relaciones humanas? ¿Cuáles son las implicaciones para la identidad personal y el sentido de la vida?

3. **Preguntas filosóficas:** La naturaleza de la conciencia y la identidad personal son cuestiones filosóficas que aún se debaten acaloradamente. ¿Es posible transferir la conciencia a un sustrato digital? ¿Una mente cargada sería realmente "tú"?

4. **Consecuencias imprevistas:** como ocurre con cualquier tecnología poderosa, la búsqueda de la inmortalidad gracias a la IA podría tener consecuencias imprevistas que actualmente no podemos predecir ni prepararnos para ellas.

Si bien la IA ha demostrado un progreso notable y ya está contribuyendo a la investigación sobre la longevidad, la idea de que la IA supere la inteligencia humana y se convierta en la clave de la inmortalidad sigue siendo una mera especulación. Representa una convergencia de algunos de

los conceptos tecnológicos más avanzados y algunas de las aspiraciones humanas más antiguas.

A medida que avanzamos en el desarrollo de la tecnología de IA, es fundamental que procedamos con cuidado, teniendo en cuenta no solo los desafíos técnicos, sino también las implicaciones éticas, sociales y filosóficas de nuestro trabajo. La búsqueda de una mayor longevidad o incluso la inmortalidad mediante la IA no es solo una tarea científica, sino que aborda cuestiones fundamentales sobre lo que significa ser humano.

Independientemente de que la IA se convierta o no en la clave de la inmortalidad, su desarrollo sin duda seguirá transformando nuestro mundo y nuestra comprensión de nosotros mismos. A medida que avanzamos, es esencial que orientemos este desarrollo de maneras que beneficien a la humanidad en su conjunto, respetando la dignidad humana y promoviendo el acceso equitativo a los

beneficios de estas tecnologías transformadoras.

¡Por favor comparte tus pensamientos en Amazon!

Tu opinión ayuda:

- Difunda la palabra sobre la inmortalidad
- Apoya a los autores independientes
- Fomentar más investigaciones sobre la longevidad

Cómo dejar una reseña:

- Ir a la página del libro en Amazon
- Haga clic en "Escribir una reseña de cliente"
- Comparte tus pensamientos honestos
- Haga clic en enviar

Si este libro le resultó útil, ¡considere dejar una reseña de 5 estrellas!

Su apoyo ayuda a impulsar una mayor exploración del fascinante mundo de la inmortalidad humana y el progreso tecnológico.

CAPÍTULO 3

AVANCES EN MEDICINA Y BIOTECNOLOGÍA

A medida que continuamos nuestra exploración de los caminos hacia la inmortalidad humana, ahora dirigimos nuestra atención a algunos de los avances más prometedores y tangibles en el campo: los ámbitos de la medicina y la biotecnología, en rápida evolución. Estas disciplinas están a la vanguardia de la prolongación de la vida humana y la mejora de la calidad de vida, lo que podría allanar el camino para una extensión radical de la vida o incluso una forma de inmortalidad biológica.

En este capítulo, analizaremos los últimos avances en medicina regenerativa, exploraremos el fascinante mundo de la tecnomedicina , examinaremos historias de éxito del mundo real en la extensión de la

vida y enfrentaremos los límites éticos que estos avances nos impulsan a considerar.

Medicina Regenerativa: Células Madre, CRISPR, etc.

La medicina regenerativa representa un cambio de paradigma en la forma en que abordamos la curación y el mantenimiento del cuerpo humano. En lugar de simplemente tratar los síntomas o controlar las enfermedades, la medicina regenerativa tiene como objetivo reemplazar, diseñar o

regenerar células, tejidos u órganos humanos para restaurar o restablecer el funcionamiento normal. Exploremos algunas de las tecnologías clave en este campo:

Terapia con células madre

Las células madre son células indiferenciadas que tienen el extraordinario potencial de convertirse en muchos tipos diferentes de células en el cuerpo. Actúan como una especie de sistema de reparación interna, dividiéndose sin límite para reponer otras células mientras la persona o el animal siga vivo.

Existen varios tipos de células madre:

1. **Células madre embrionarias:** son células madre pluripotentes derivadas de embriones. Pueden dar origen a prácticamente cualquier tipo de célula del organismo.
2. **Células madre adultas:** se encuentran en diversos tejidos y tienen una capacidad más limitada para

diferenciarse, pero aún desempeñan un papel crucial en el mantenimiento y la reparación del tejido en el que se encuentran.

3. **Células madre pluripotentes inducidas (iPSC):** son células adultas que han sido reprogramadas genéticamente para alcanzar un estado similar al de las células madre embrionarias. El descubrimiento de las iPSC por parte de Shinya Yamanaka en 2006 fue un gran avance, ya que proporcionó una forma de crear células madre pluripotentes sin las preocupaciones éticas asociadas con las células madre embrionarias.

La terapia con células madre ha demostrado ser prometedora en el tratamiento de una amplia gama de afecciones, entre ellas:

- **Enfermedad cardíaca:** Las células madre pueden potencialmente regenerar el tejido cardíaco dañado.

- **Trastornos neurológicos:** se están realizando investigaciones sobre el uso de células madre para tratar enfermedades como la enfermedad de Parkinson y la esclerosis múltiple.
- **Diabetes:** Las células madre podrían usarse para crear células productoras de insulina para tratar la diabetes tipo 1.
- **Afecciones ortopédicas:** Se están utilizando células madre para regenerar cartílago y tratar lesiones articulares.

Si bien la terapia con células madre ha demostrado ser muy prometedora, es importante señalar que muchos tratamientos aún son experimentales y requieren más investigaciones para demostrar su eficacia y seguridad.

Edición genética CRISPR

CRISPR (Clustered Regularly Interspaced Short Palindromic Repeats) es una potente herramienta de edición genética que ha revolucionado el campo de la genética. Descubierta como un mecanismo de

defensa natural en bacterias, CRISPR ha sido adaptada para su uso en la edición de genes de otros organismos, incluidos los humanos.

Así es como funciona CRISPR:

1. **ARN guía:** un fragmento de ARN está diseñado para que coincida con la secuencia de ADN objetivo.
2. **Enzima Cas9:** Esta enzima actúa como un par de tijeras moleculares, cortando el ADN en la ubicación específica.
3. **Reparación del ADN:** una vez que se corta el ADN, se activan los mecanismos de reparación naturales de la célula, ya sea desactivando el gen o insertando una nueva secuencia genética.

Las posibles aplicaciones de CRISPR en medicina son enormes:

- **Tratamiento de trastornos genéticos:** CRISPR podría potencialmente corregir mutaciones causantes de enfermedades.

- **Terapia contra el cáncer:** CRISPR podría usarse para editar células inmunes para combatir mejor el cáncer.
- **Desarrollo de nuevos medicamentos:** CRISPR puede ayudar a crear modelos celulares y animales más precisos para las pruebas de medicamentos.
- **Lucha contra las enfermedades infecciosas:** CRISPR podría utilizarse potencialmente para hacer que los humanos sean resistentes a ciertos virus.

En el contexto de la extensión de la vida, CRISPR podría potencialmente usarse para editar genes asociados con el envejecimiento o enfermedades relacionadas con la edad, aunque por el momento esto sigue siendo en gran medida teórico.

Ingeniería de tejidos

La ingeniería tisular implica la creación de tejidos tridimensionales funcionales mediante la combinación de células, estructuras (materiales biodegradables que favorecen el crecimiento celular) y factores de crecimiento. El objetivo es producir sustitutos biológicos que restablezcan, mantengan o mejoren la función tisular.

Las áreas clave de investigación en ingeniería de tejidos incluyen:

- Injertos de piel para víctimas de quemaduras
- Regeneración del cartílago para la reparación de las articulaciones
- Tejido cardíaco para el tratamiento de enfermedades cardíacas
- Tejido hepático para el tratamiento de la insuficiencia hepática

Si bien aún no hemos llegado al punto de crear órganos complejos completamente funcionales, la ingeniería de tejidos ya ha producido algunos éxitos notables y es muy

prometedora para el futuro de la medicina regenerativa.

Tecnomedicina : Nanotecnología, Implantes Biónicos

La tecnomedicina representa la convergencia de la tecnología y la medicina, utilizando ingeniería de vanguardia y enfoques computacionales para diagnosticar, tratar y prevenir enfermedades. Dos áreas clave en este campo son la nanotecnología y los implantes biónicos.

Nanotecnología

La nanotecnología implica la manipulación de la materia a escala atómica y molecular. En medicina, la nanotecnología ofrece la posibilidad de administrar fármacos de forma dirigida, mejorar las técnicas de obtención de imágenes e incluso crear " nanorobots " microscópicos que podrían realizar reparaciones en el cuerpo.

Algunas aplicaciones potenciales de la nanotecnología en la medicina incluyen:

1. **Administración dirigida de medicamentos:** las nanopartículas pueden diseñarse para transportar medicamentos directamente a células específicas, lo que potencialmente reduce los efectos secundarios y mejora la eficacia.
2. **Diagnóstico:** Los sensores basados en nanotecnología podrían detectar enfermedades en etapas muy tempranas, incluso a nivel molecular.
3. **Regeneración de tejidos:** Las nanoestructuras podrían servir como andamios para el crecimiento y la regeneración de tejidos.
4. **Tratamiento del cáncer:** Se podrían utilizar nanopartículas para administrar medicamentos de quimioterapia directamente a las células cancerosas, preservando las células sanas.
5. **Nanorobots :** aunque todavía son en gran medida teóricos, los robots microscópicos podrían potencialmente

realizar procedimientos quirúrgicos precisos o limpiar bloqueos arteriales.

Implantes biónicos

Los implantes biónicos son dispositivos artificiales diseñados para reemplazar o mejorar funciones biológicas. Pueden ser dispositivos relativamente simples, como marcapasos, o complejos implantes neuronales.

Algunos ejemplos de implantes biónicos incluyen:

1. **Implantes cocleares:** estos dispositivos pueden restaurar la audición en algunas formas de sordera.
2. **Implantes de retina:** pueden restaurar parcialmente la visión en ciertos tipos de ceguera.
3. **Interfaces cerebro-computadora:** estos dispositivos pueden permitir la comunicación directa entre el cerebro y dispositivos externos, ayudando potencialmente a personas paralizadas a

controlar miembros protésicos o comunicarse.
4. **Corazones artificiales:** Los corazones totalmente artificiales son ahora una realidad, aunque normalmente se utilizan como un puente al trasplante más que como una solución permanente.
5. **Reemplazos de articulaciones inteligentes:** Las articulaciones protésicas avanzadas ahora pueden incluir sensores para proporcionar datos sobre la salud y el funcionamiento de las articulaciones.

A medida que estas tecnologías avanzan, la línea entre lo biológico y lo artificial se vuelve cada vez más difusa, lo que abre nuevas posibilidades para mejorar y extender las capacidades y la esperanza de vida humanas.

Historias de éxito: casos concretos de prolongación de la vida

Aunque la verdadera "inmortalidad" sigue estando fuera del alcance, se han logrado importantes avances en la prolongación de la vida y la salud de los seres humanos . A continuación se ofrecen algunos ejemplos concretos:

1. **Mayor expectativa de vida:** durante el último siglo, la expectativa de vida a nivel mundial se ha más que duplicado, pasando de alrededor de 31 años en 1900 a más de 72 años en la actualidad. Esto se debe en gran medida a los avances en materia de saneamiento, nutrición y atención médica.
2. **Tratamiento de enfermedades relacionadas con la edad:** hemos logrado avances significativos en el tratamiento de muchas enfermedades relacionadas con la edad. Por ejemplo, las tasas de mortalidad por enfermedades cardíacas en los EE. UU. disminuyeron un 60 % entre 1950 y

2014, gracias a una mejor prevención, diagnóstico y tratamiento.
3. **Supervivencia al cáncer:** las tasas de supervivencia al cáncer han mejorado drásticamente. Por ejemplo, la tasa de supervivencia a cinco años en el caso de la leucemia aumentó del 14 % en la década de 1960 al 65 % en 2020.
4. **VIH/SIDA:** La infección por VIH, que en el pasado era una sentencia de muerte, ahora puede tratarse como una enfermedad crónica mediante terapia antirretroviral, lo que permite que muchas personas tengan una esperanza de vida casi normal.
5. **Trasplantes de órganos:** Los avances en la medicina de trasplantes han dado a muchas personas una segunda oportunidad de vida. El primer trasplante de riñón exitoso se realizó en 1954; hoy en día, se realizan miles de trasplantes cada año.
6. **Terapias con células madre:** Si bien muchas de ellas aún son experimentales, se han logrado algunos éxitos notables. Por ejemplo, los trasplantes de células

madre se han convertido en un tratamiento estándar para ciertos tipos de cáncer de la sangre.
7. **Terapia génica:** La terapia génica se ha utilizado con éxito en el tratamiento de ciertos trastornos genéticos. Por ejemplo, en 2017, la FDA aprobó una terapia génica para una forma de ceguera hereditaria.
8. **Reversión de la edad biológica:** en un pequeño estudio publicado en 2019, los científicos pudieron revertir la edad biológica en un promedio de 2,5 años utilizando una combinación de hormona de crecimiento y dos medicamentos para la diabetes.

Estas historias de éxito demuestran que, si bien no hemos alcanzado la inmortalidad, estamos logrando avances significativos en la extensión tanto de la duración como de la calidad de la vida humana.

¿Hasta dónde puede llegar la medicina sin cruzar fronteras éticas?

A medida que ampliamos los límites de lo médicamente posible, inevitablemente nos topamos con dilemas éticos. La búsqueda de una mayor longevidad o incluso de la inmortalidad plantea profundas preguntas sobre la naturaleza de la vida, la muerte y lo que significa ser humano.

Algunas consideraciones éticas clave incluyen:

1. **Asignación de recursos:** En un mundo de recursos limitados, ¿cómo equilibramos la inversión en tecnologías de extensión de la vida con la satisfacción de las necesidades básicas de atención médica para todos?
2. **Desigualdad:** Si las tecnologías de prolongación de la vida son costosas, ¿podrían exacerbar las desigualdades sociales existentes, creando una brecha entre aquellos que pueden permitirse

vivir más tiempo y aquellos que no pueden?
3. **Superpoblación:** si la gente vive significativamente más tiempo, ¿cómo afectaría esto a la población mundial y al consumo de recursos?
4. **Calidad de vida:** ¿Vale la pena prolongar la vida si no se mantiene o mejora también la calidad de vida?
5. **Mejora humana:** ¿En qué punto la intervención médica para prolongar la vida cruza la línea hacia la mejora humana, y es eso éticamente aceptable?
6. **Definición de muerte:** A medida que mejora nuestra capacidad para sostener y restaurar la vida, ¿cómo definimos cuándo termina la vida?
7. **Consentimiento y sujetos humanos:** ¿Cómo podemos llevar a cabo de manera ética la investigación sobre tecnologías de extensión de la vida, especialmente cuando los efectos a largo plazo pueden no conocerse durante décadas?
8. **Impacto ambiental:** ¿Qué impacto tendría una prolongación significativa

de la esperanza de vida humana en nuestro medio ambiente y en otras especies?
9. **Estructuras sociales:** ¿Cómo afectarían las vidas muy largas a las estructuras sociales como la familia, la carrera y la educación?
10. **El derecho a morir:** A medida que adquirimos mayor control sobre la prolongación de la vida, ¿debemos considerar también el derecho a elegir cuándo terminarla?

Estas consideraciones éticas no necesariamente presentan obstáculos insuperables, pero sí exigen una reflexión cuidadosa y un discurso público sólido. A medida que seguimos avanzando en la tecnología médica, es fundamental que también avancemos en nuestros marcos éticos para garantizar que el progreso en materia de longevidad sirva al bien mayor de la humanidad y respete la dignidad humana.

Los campos de la medicina y la biotecnología están avanzando a un ritmo sin precedentes y ofrecen tentadoras vislumbres de un futuro en el que muchas de las limitaciones del cuerpo humano podrían superarse. Desde la medicina regenerativa, que puede regenerar tejidos dañados, hasta la nanotecnología, que podría reparar nuestros cuerpos a nivel celular, las posibilidades son tan apasionantes como profundas.

Sin embargo, como hemos visto, estos avances también conllevan consideraciones éticas complejas. A medida que seguimos ampliando los límites de lo que es médicamente posible, también debemos entablar un debate reflexivo sobre las implicaciones de estas tecnologías y cómo garantizar que beneficien a la humanidad en su conjunto.

La búsqueda de una vida más larga –y posiblemente incluso de una forma de inmortalidad biológica– ya no es puramente un asunto de ciencia ficción. Es

un esfuerzo científico serio con impactos e implicaciones en el mundo real. A medida que avancemos, será crucial equilibrar nuestra ambición de superar las limitaciones de la biología humana con una cuidadosa consideración de las consecuencias éticas, sociales y ambientales de nuestras acciones.

¡Por favor comparte tus pensamientos en Amazon!

Tu opinión ayuda:

- Difunda la palabra sobre la inmortalidad
- Apoya a los autores independientes
- Fomentar más investigaciones sobre la longevidad

Cómo dejar una reseña:

- Ir a la página del libro en Amazon
- Haga clic en "Escribir una reseña de cliente"

- Comparte tus pensamientos honestos
- Haga clic en enviar

Si este libro le resultó útil, ¡considere dejar una reseña de 5 estrellas!

Su apoyo ayuda a impulsar una mayor exploración del fascinante mundo de la inmortalidad humana y el progreso tecnológico.

CAPÍTULO 4:

LA BÚSQUEDA DE LA INMORTALIDAD

La búsqueda de la inmortalidad ha sido una piedra angular de la aspiración humana desde tiempos inmemoriales. Desde la antigua epopeya de Gilgamesh hasta los esfuerzos científicos modernos, el deseo de trascender las limitaciones de nuestra existencia mortal ha impulsado la innovación, suscitado debates filosóficos y alimentado innumerables mitos y leyendas. Ahora que nos encontramos en la cúspide de avances tecnológicos sin precedentes, el antiguo sueño de conquistar la muerte parece más cercano que nunca a la realidad.

En este capítulo se aborda la multifacética búsqueda de la inmortalidad en la era moderna, y se examinan los fundamentos filosóficos, las consideraciones éticas y la investigación científica de vanguardia que definen esta búsqueda. Se explorarán los

complejos debates en torno a la conveniencia y viabilidad de una mayor longevidad, las ideologías del movimiento transhumanista y los proyectos actuales que pretenden ampliar los límites de la longevidad humana.

Como dijo una vez el famoso futurista y autor Ray Kurzweil:

"La analogía que utilizo es con el teléfono móvil. Hace treinta años, un teléfono móvil era del tamaño de una caja de zapatos, costaba decenas de miles de dólares y su batería duraba 30 minutos. Hoy, todos los llevamos en el bolsillo. Lo mismo ocurrirá con la tecnología diseñada para revertir el envejecimiento".

Esta visión optimista resume la esperanza y el entusiasmo que rodea la búsqueda de la inmortalidad. Sin embargo, como veremos, esta búsqueda no está exenta de críticas y desafíos. Desde preocupaciones sobre la superpoblación y la escasez de recursos hasta preguntas sobre la naturaleza misma

de la existencia humana, las implicaciones de lograr una expectativa de vida radicalmente más larga son de largo alcance y profundas.

A medida que nos embarcamos en esta exploración de la búsqueda de la humanidad para superar la muerte, nos enfrentaremos a cuestiones fundamentales sobre la naturaleza de la vida, el papel de la tecnología en la evolución humana y las responsabilidades éticas que conlleva el poder de potencialmente remodelar la condición humana. Ya sea que la inmortalidad resulte ser una meta alcanzable o siga siendo un sueño elusivo, el viaje en sí promete brindar conocimientos invaluables sobre lo que significa ser humano en una era de rápidos avances tecnológicos.

Filosofía y ética: debates en torno a la inmortalidad

La búsqueda de la inmortalidad ha sido un tema recurrente en el pensamiento y la cultura humana durante milenios. Desde los mitos antiguos hasta los esfuerzos científicos modernos, el deseo de superar la muerte ha impulsado la investigación filosófica, los debates éticos y la innovación tecnológica. Mientras nos encontramos al borde de tecnologías de extensión de la vida potencialmente radicales, las implicaciones filosóficas y éticas de la inmortalidad se han vuelto más apremiantes que nunca.

Una de las cuestiones filosóficas centrales en torno a la inmortalidad es si una vida sin fin sería deseable o significativa. El filósofo Bernard Williams sostuvo en su obra fundamental "El caso Makropulos : Reflexiones sobre el tedio de la inmortalidad" que una vida inmortal se volvería inevitablemente insoportablemente tediosa:

"Una vida inmortal no tendría sentido; en cierto sentido, la muerte da sentido a la vida."

Esta perspectiva sugiere que la naturaleza finita de la existencia humana es lo que da urgencia, propósito y valor a nuestras vidas. Sin la limitación de la mortalidad, ¿perderíamos nuestra motivación para lograr, crear y amar?

En contra de esta visión, el filósofo transhumanista Nick Bostrom sostiene que el potencial de aburrimiento en una vida inmortal es exagerado:

"Si vamos a aburrirnos eternamente, más vale que nos aburramos durante mucho tiempo."

Bostrom sostiene que una vida útil más prolongada permitiría experiencias más profundas, relaciones más significativas y la búsqueda de conocimientos y logros cada vez mayores.

Los debates éticos en torno a la inmortalidad son igualmente complejos. Una preocupación primordial es la posibilidad de que la inmortalidad agrave las desigualdades sociales existentes. Si las tecnologías de prolongación de la vida sólo están disponibles para los ricos y privilegiados, podrían crear una marcada división entre "mortales" e "inmortales", lo que alteraría fundamentalmente la estructura de la sociedad.

El filósofo John Harris plantea esta preocupación en su trabajo sobre la ética de la extensión de la vida:

"El peor escenario posible es que creemos dos especies distintas: una clase superior genética y una clase inferior genética".

Este escenario plantea preguntas profundas sobre la justicia, la igualdad y la naturaleza misma de lo que significa ser humano.

Otra consideración ética es el impacto ambiental de una población potencialmente inmortal. Con recursos ya limitados por los

niveles actuales de población, ¿cómo podría el planeta soportar que los humanos nunca mueran? Esta preocupación se entrecruza con debates más amplios sobre la sostenibilidad y la justicia intergeneracional.

A pesar de estos desafíos, los defensores de la prolongación de la vida sostienen que el imperativo ético de reducir el sufrimiento y preservar la vida supera los posibles inconvenientes. Como afirma el bioeticista Arthur Caplan :

"Si podemos intervenir para retardar el envejecimiento o prevenir la muerte, tenemos la obligación moral de hacerlo".

Esta perspectiva enmarca la búsqueda de la inmortalidad como una extensión del objetivo fundamental de la medicina: aliviar el sufrimiento y prolongar la vida humana.

Transhumanismo : movimiento e ideologías

El transhumanismo , un movimiento filosófico y cultural que aboga por la mejora de la condición humana a través de tecnologías avanzadas, ha estado a la vanguardia de los debates sobre la inmortalidad. Los transhumanistas creen que las limitaciones actuales del cuerpo y la mente humanos pueden superarse mediante medios tecnológicos, incluida la posibilidad de prolongar radicalmente la vida o incluso la inmortalidad.

Max More, una de las figuras fundadoras del transhumanismo moderno , define el movimiento de la siguiente manera:

" El transhumanismo es una clase de filosofías de vida que buscan la continuación y aceleración de la evolución de la vida inteligente más allá de su forma humana actual y de las limitaciones humanas por medio de la ciencia y la

tecnología, guiadas por principios y valores promotores de la vida".

Esta definición resume los principios básicos del transhumanismo : una creencia en el poder de la tecnología para transformar la condición humana, una visión optimista del progreso humano y un compromiso de utilizar los avances científicos para superar las limitaciones biológicas.

Dentro del movimiento transhumanista más amplio , existen diversas ideologías y enfoques para lograr la inmortalidad:

1. **Extensión biológica de la vida:** este enfoque se centra en prolongar la vida humana mediante avances en medicina, genética y biotecnología. Sus defensores creen que el envejecimiento puede tratarse como una enfermedad y potencialmente curarse.
2. **Carga mental:** Algunos transhumanistas abogan por la posibilidad de transferir la conciencia

humana a sustratos digitales o artificiales, logrando efectivamente una forma de inmortalidad digital.
3. **Mejora cibernética:** esta ideología propone fusionar la biología humana con tecnología avanzada, creando cyborgs que puedan repararse y mejorarse continuamente.
4. **Criónica:** si bien no es estrictamente una forma de inmortalidad, la criónica implica preservar el cuerpo humano (o el cerebro) a temperaturas ultrabajas con la esperanza de una futura resurrección y prolongación de la vida.

transhumanista Natasha Vita-More expresa las aspiraciones del movimiento:

"El futuro de la humanidad es brillante y depende de nosotros crearlo. Tenemos las herramientas, el conocimiento y la visión para dar forma a un mundo donde la muerte sea opcional y el potencial humano sea ilimitado".

Sin embargo, el transhumanismo no está exento de detractores. Algunos sostienen que los objetivos del movimiento son arrogantes y potencialmente peligrosos. El filósofo Francis Fukuyama ha calificado al transhumanismo como "la idea más peligrosa del mundo" y ha advertido:

"La primera víctima del transhumanismo podría ser la igualdad... Si empezamos a transformarnos en algo superior, ¿qué derechos reclamarán estas criaturas mejoradas y qué derechos tendrán en comparación con los que quedaron atrás?"

Estas críticas resaltan el potencial de las ideologías transhumanistas para exacerbar las desigualdades sociales existentes y crear nuevas formas de discriminación.

A pesar de estas preocupaciones, el transhumanismo continúa ganando terreno e influyendo en el discurso público, la investigación científica e incluso los debates políticos en torno al futuro del

mejoramiento humano y la extensión de la vida.

Proyectos actuales: iniciativas e investigaciones en curso

La búsqueda de la inmortalidad no es una mera búsqueda filosófica o ideológica; se está llevando a cabo activamente a través de diversas iniciativas científicas y tecnológicas. Si bien la verdadera inmortalidad sigue siendo esquiva, varios proyectos y áreas de investigación muestran posibilidades de prolongar la vida humana y, potencialmente, superar las limitaciones del envejecimiento.

1. Fundación de Investigación SENS

La Fundación de Investigación de Estrategias para la Senescencia Despreciable Diseñada (SENS), fundada por el gerontólogo Aubrey de Grey, está a la

vanguardia de la investigación antienvejecimiento. El enfoque de De Grey trata el envejecimiento como una serie de procesos de acumulación de daños que pueden abordarse mediante intervenciones específicas. Sostiene:

"No necesitamos saber todo sobre el envejecimiento para desarrollar terapias efectivas. Sólo necesitamos saber lo suficiente para detener la acumulación de daños que conduce al deterioro relacionado con la edad".

El enfoque SENS se centra en siete tipos principales de daño celular y molecular asociados con el envejecimiento, entre los que se incluyen la pérdida de células, las mutaciones mitocondriales y el endurecimiento de la matriz extracelular. Al desarrollar terapias para abordar cada una de estas áreas, SENS pretende abordar de manera integral el proceso de envejecimiento.

2. Calico (Compañía de Vida de California)

Calico, fundada por Google y actualmente subsidiaria de Alphabet Inc., es una empresa de investigación y desarrollo centrada en combatir el envejecimiento y las enfermedades asociadas. Con una financiación sustancial y acceso a tecnología de vanguardia, Calico representa una importante inversión del sector privado en la investigación sobre la longevidad.

Si bien gran parte del trabajo de Calico sigue siendo confidencial, la declaración de misión de la empresa refleja sus ambiciosos objetivos:

"Calico es una empresa de investigación y desarrollo cuya misión es aprovechar tecnologías avanzadas para aumentar nuestra comprensión de la biología que controla la esperanza de vida".

3. Proyecto Genoma Humano-Write (PGH-write)

Basándose en el éxito del Proyecto Genoma Humano, que secuenció el genoma humano, HGP-write tiene como objetivo sintetizar un genoma humano completo. Este ambicioso proyecto podría conducir a grandes avances en la comprensión y manipulación de la biología humana en su nivel más fundamental.

Líder del proyecto Jef Boeke explica el impacto potencial:

"HGP-write nos permitirá crear nuevos genomas humanos sintéticos y líneas celulares para acelerar nuestra comprensión de la función genética y los mecanismos de las enfermedades".

Aunque no se centra directamente en la inmortalidad, los conocimientos adquiridos en este proyecto podrían ser cruciales para desarrollar tecnologías de prolongación de la vida.

4. Fundación para la preservación del cerebro

La Fundación para la Preservación del Cerebro se centra en el desarrollo y la promoción de técnicas de preservación del cerebro que podrían permitir la recuperación o transferencia de la mente en el futuro. La fundación ofrece un premio para demostrar la viabilidad de la preservación del cerebro a largo plazo.

Ken Hayworth, presidente de la Fundación para la Preservación del Cerebro, sostiene:

"Si podemos preservar el conectoma del cerebro (el diagrama de cableado de todas sus neuronas), algún día podremos reconstruir la mente de una persona, otorgándole así una forma de inmortalidad".

5. Neuralink y las interfaces cerebro-computadora

Neuralink de Elon Musk está trabajando en el desarrollo de interfaces avanzadas entre

cerebro y computadora. Si bien el objetivo principal es tratar afecciones neurológicas, la tecnología podría allanar el camino para una integración más directa de la conciencia humana con sistemas artificiales.

Musk ha declarado:

"La aspiración a largo plazo con Neuralink sería lograr una simbiosis con la inteligencia artificial".

Esta simbiosis podría conducir potencialmente a nuevas formas de mejora cognitiva y prolongación de la vida.

6. Investigación sobre edición genética mediante CRISPR

Los avances en la tecnología de edición genética CRISPR han abierto nuevas posibilidades para manipular el genoma humano. Si bien gran parte de la investigación actual se centra en el tratamiento de enfermedades genéticas, algunos científicos están explorando la

posibilidad de utilizar CRISPR para atacar genes asociados con el envejecimiento y la longevidad.

Jennifer Doudna , una de las pioneras de la tecnología CRISPR, advierte:

"El poder de controlar el futuro genético de nuestra especie es asombroso y aterrador. Decidir cómo manejarlo puede ser el mayor desafío que hayamos enfrentado jamás".

Estos proyectos representan apenas una fracción de las investigaciones en curso sobre la prolongación de la vida y las posibles vías hacia la inmortalidad. A medida que la tecnología siga avanzando, es probable que surjan nuevas iniciativas y enfoques que nos acerquen al sueño largamente acariciado de superar la muerte.

¿Es la inmortalidad un sueño alcanzable o una utopía peligrosa?

Al considerar los diversos aspectos filosóficos, éticos y científicos de la búsqueda de la inmortalidad, debemos lidiar con una pregunta fundamental: ¿es la inmortalidad un sueño alcanzable que debemos perseguir o es una utopía peligrosa que podría llevar a consecuencias imprevistas?

La promesa de la inmortalidad

Los defensores de la investigación sobre la prolongación de la vida y la inmortalidad sostienen que vencer a la muerte sería el mayor logro de la historia de la humanidad. Señalan los posibles beneficios:

1. Eliminación del sufrimiento causado por el envejecimiento y la muerte
2. Oportunidades sin precedentes de crecimiento y logros personales

3. Progreso científico y cultural acelerado debido a la mayor esperanza de vida humana
4. Posibles soluciones a problemas intergeneracionales como el cambio climático

Ray Kurzweil, futurista y defensor de la extensión radical de la vida, expresa esta visión optimista:

"La especie humana, junto con la tecnología computacional que ha creado, será capaz de resolver problemas ancestrales y estará en condiciones de cambiar la naturaleza de la mortalidad en un futuro postbiológico ".

Los peligros de la inmortalidad

Los críticos, sin embargo, advierten sobre los peligros potenciales y las consecuencias no deseadas de buscar la inmortalidad:

1. Superpoblación y agotamiento de recursos
2. Exacerbación de las desigualdades sociales
3. Los desafíos psicológicos de una vida extremadamente larga
4. Pérdida de dinamismo cultural y renovación generacional
5. Potencial de control totalitario a través de tecnologías de extensión de la vida

El filósofo Hans Jonas advierte contra la arrogancia de buscar la inmortalidad:

"No todo en la 'conquista de la naturaleza' es una bendición. La triste verdad es que probablemente se nos dé mejor empeorar las cosas que mejorarlas".

La verificación de la realidad

Mientras continúa el debate entre estas dos perspectivas, es importante considerar el estado actual de la investigación sobre la longevidad. A pesar de los avances significativos, la verdadera inmortalidad sigue siendo un objetivo lejano. El Dr. S. Jay Olshansky , un destacado investigador sobre el envejecimiento, ofrece una evaluación esclarecedora:

"La búsqueda de la vida eterna, o de vivir durante largos períodos de tiempo, siempre ha formado parte del espíritu humano. Siempre hemos intentado encontrar una forma de vencer a la muerte, pero el resultado final es que no lo hemos logrado".

Esta verificación de la realidad sugiere que, en lugar de centrarse en lograr la inmortalidad, un enfoque más productivo podría ser el de procurar una prolongación saludable de la vida y mejoras en la calidad de vida.

Consideraciones éticas

A medida que avanzamos por el complejo panorama de la investigación sobre la prolongación de la vida, las consideraciones éticas deben seguir siendo prioritarias. El bioeticista Arthur Caplan enfatiza la necesidad de una reflexión cuidadosa:

"Los desafíos éticos que plantea la prolongación radical de la vida no tienen precedentes. Tenemos que empezar a tener conversaciones serias sobre las implicaciones sociales ahora, antes de que la tecnología supere nuestra capacidad para regularla".

Las cuestiones éticas clave que deben abordarse incluyen:

1. ¿Cómo garantizamos un acceso equitativo a las tecnologías de prolongación de la vida?
2. ¿Cuáles son las implicaciones para los derechos reproductivos y el control de la población?

3. ¿Cómo equilibramos los deseos individuales de longevidad con las necesidades sociales?
4. ¿Qué nuevas estructuras e instituciones sociales podrían ser necesarias en un mundo con esperanzas de vida mucho más prolongadas?

El punto medio

Tal vez el enfoque más realista y éticamente correcto se encuentre en un punto intermedio entre las posiciones extremas de la búsqueda desenfrenada de la inmortalidad y el rechazo total de la investigación sobre la prolongación de la vida. Este enfoque equilibrado:

1. Perseguir avances graduales en la prolongación de la vida saludable
2. Centrarse en mejorar la calidad de vida junto con la cantidad
3. Garantizar el acceso equitativo a las tecnologías de longevidad

4. Considere y aborde cuidadosamente los posibles impactos sociales
5. Mantener la flexibilidad para adaptarse a medida que surgen nuevos desafíos éticos

Como señaló sabiamente el gerontólogo Robert N. Butler:

"El objetivo debe ser añadir vida a los años, no sólo años a la vida".

Esta perspectiva replantea la búsqueda de la inmortalidad como una búsqueda más matizada de vidas humanas prolongadas, saludables y significativas.

La búsqueda de la inmortalidad, impulsada por deseos humanos ancestrales y posibilitada por la tecnología moderna, presenta posibilidades extraordinarias y desafíos profundos. A medida que continuamos ampliando los límites de la longevidad humana, debemos permanecer

atentos a nuestras consideraciones éticas y realistas en nuestras expectativas.

Independientemente de que la inmortalidad sea alcanzable o no, la búsqueda en sí misma ya ha proporcionado conocimientos valiosos sobre la naturaleza del envejecimiento, la biología humana y el intrincado panorama ético de la prolongación de la vida. A medida que avanzamos, es fundamental que abordemos esta búsqueda con sabiduría, empatía y una profunda consideración de las implicaciones a largo plazo de nuestras acciones.

Tal vez, en nuestra búsqueda para superar la muerte, lleguemos a una apreciación más profunda de la preciosidad y el significado de la vida misma.

¡Por favor comparte tus pensamientos en Amazon!

Tu opinión ayuda:

- Difunda la palabra sobre la inmortalidad
- Apoya a los autores independientes
- Fomentar más investigaciones sobre la longevidad

Cómo dejar una reseña:

- Ir a la página del libro en Amazon
- Haga clic en "Escribir una reseña de cliente"
- Comparte tus pensamientos honestos
- Haga clic en enviar

Si este libro le resultó útil, ¡considere dejar una reseña de 5 estrellas!

Su apoyo ayuda a impulsar una mayor exploración del fascinante mundo de la inmortalidad humana y el progreso tecnológico.

CAPÍTULO 5:

ESCENARIOS FUTUROS

A medida que nos adentramos en el siglo XXI, la búsqueda de la inmortalidad ya no se limita al ámbito de la ciencia ficción. Los rápidos avances en tecnología, biología e inteligencia artificial están abriendo nuevas posibilidades para prolongar la vida humana mucho más allá de sus límites actuales. En este capítulo se exploran posibles escenarios futuros para alcanzar la inmortalidad, examinando tanto sus promesas como sus peligros.

Analizaremos dos caminos principales hacia la inmortalidad: el digital y el biológico. Cada uno de estos enfoques presenta oportunidades y desafíos únicos, con implicaciones de largo alcance para los individuos y la sociedad en su conjunto. Al considerar estos escenarios futuros, también debemos lidiar con los profundos

impactos sociales y los posibles inconvenientes de alcanzar la vida eterna.

Inmortalidad digital: transferencia de conciencia y avatares digitales

El concepto de inmortalidad digital gira en torno a la idea de preservar la conciencia humana en formato digital, creando de manera efectiva una forma de existencia que trascienda las limitaciones de nuestros cuerpos biológicos. Este campo de investigación abarca dos enfoques principales: la transferencia de conciencia y los avatares digitales.

Transferencia de conciencia

La transferencia de conciencia, también conocida como transferencia de información mental, es el proceso hipotético de escanear la estructura de un cerebro y copiar su estado en un dispositivo computacional, como una computadora o un cuerpo robótico. Esta conciencia transferida teóricamente conservaría todos los recuerdos, la personalidad y las capacidades cognitivas de la persona original.

El proceso de transferencia de conciencia enfrenta varios desafíos importantes:

1. **Mapeo cerebral** : para lograr una transferencia exitosa, necesitaríamos crear un mapa completo y de alta resolución del cerebro humano, entendiendo cómo cada neurona se conecta e interactúa con las demás.
2. **Almacenamiento de datos** : Se estima que el cerebro humano contiene 86 mil millones de neuronas, cada una

con miles de conexiones sinápticas. Almacenar esta enorme cantidad de información requeriría enormes recursos computacionales.
3. **Replicación de la conciencia**: incluso si pudiéramos mapear y almacenar todos los datos de un cerebro humano, aún queda la pregunta filosófica de si esta copia digital sería verdaderamente consciente y si sería la misma "persona" que el original.
4. **Consideraciones éticas**: La capacidad de transferir la conciencia plantea cuestiones éticas complejas sobre la identidad, la personalidad y la naturaleza de la existencia misma.

A pesar de estos desafíos, los defensores de la transferencia de conciencia argumentan que podría ofrecer una forma de inmortalidad, permitiendo a los individuos existir indefinidamente en formas digitales o robóticas.

Avatares digitales

Los avatares digitales representan un enfoque diferente a la inmortalidad digital. En lugar de intentar transferir una conciencia completa, este método implica crear una representación digital de una persona que pueda interactuar con otras personas después de la muerte de la persona original.

Estos avatares podrían funcionar con sistemas avanzados de inteligencia artificial entrenados con grandes cantidades de datos personales, incluidos escritos, grabaciones, actividad en redes sociales e incluso escáneres cerebrales. El objetivo sería crear una entidad digital que pueda replicar de manera convincente la personalidad, el conocimiento y los patrones de comportamiento del individuo fallecido.

Las posibles aplicaciones de los avatares digitales incluyen:

1. **Preservación del legado** : permitir que las generaciones futuras interactúen y aprendan de figuras históricas o seres queridos fallecidos.
2. **Toma de decisiones** : Las empresas o los gobiernos podrían utilizar avatares de expertos para ayudar en procesos complejos de toma de decisiones.
3. **Entretenimiento** : Los avatares digitales podrían usarse en entornos de realidad virtual para recreaciones históricas inmersivas o experiencias de entretenimiento personalizadas.

Si bien son menos ambiciosos que la transferencia total de conciencia, los avatares digitales aún enfrentan desafíos tecnológicos y éticos importantes, incluidas cuestiones de autenticidad, privacidad y potencial mal uso.

Inmortalidad biológica: regeneración celular y antienvejecimiento

Mientras que la inmortalidad digital busca preservar la conciencia más allá del cuerpo biológico, los enfoques biológicos apuntan a extender la vida de nuestras formas físicas indefinidamente. Este campo de investigación se centra en comprender e intervenir en los procesos biológicos del envejecimiento a nivel celular y molecular.

Regeneración celular

La investigación sobre regeneración celular tiene como objetivo desarrollar tecnologías que puedan reparar o reemplazar células y tejidos dañados en el cuerpo humano. Las áreas clave de interés incluyen:

1. **Terapia con células madre** : uso de células madre para regenerar tejidos y órganos dañados o envejecidos.
2. **Impresión de órganos** : impresión 3D de órganos humanos funcionales

utilizando las propias células del paciente, eliminando la necesidad de donantes y reduciendo el riesgo de rechazo.

3. **Nanomedicina** : Desarrollo de robots a nanoescala que puedan reparar daños celulares a nivel molecular.
4. **Extensión de los telómeros** : alargamiento de los telómeros, las tapas protectoras en los extremos de los cromosomas que se acortan con la edad, extendiendo potencialmente la vida útil celular.

El objetivo final de la investigación sobre regeneración celular es desarrollar terapias que puedan reparar y rejuvenecer continuamente el cuerpo humano, permitiendo potencialmente una vida útil indefinida.

Investigación antienvejecimiento

La investigación antienvejecimiento se centra en comprender los procesos biológicos fundamentales que conducen al envejecimiento y en desarrollar intervenciones para ralentizar, detener o incluso revertir estos procesos. Las áreas clave de investigación incluyen:

1. **Eliminación de células senescentes**: eliminación o reprogramación de las células senescentes que se acumulan con la edad y contribuyen a diversas enfermedades relacionadas con la edad.
2. **Reparación mitocondrial**: desarrollo de técnicas para reparar o reemplazar las mitocondrias dañadas, las centrales energéticas de las células que desempeñan un papel crucial en el envejecimiento.
3. **Reprogramación epigenética**: manipulación de patrones de expresión genética para restablecer las células a un estado más joven.

4. **Intervenciones metabólicas** : exploración de los efectos de la restricción calórica, el ayuno intermitente y diversos compuestos sobre la longevidad.
5. **Mantenimiento de la proteostasis** : desarrollo de métodos para mantener el plegamiento y la depuración adecuados de las proteínas, que se desregulan con la edad.

Si bien se han logrado avances significativos en la comprensión de la biología del envejecimiento, traducir este conocimiento en terapias antienvejecimiento efectivas sigue siendo un gran desafío.

Impacto social: consecuencias sociales, económicas y ambientales

El logro de una prolongación radical de la vida o la inmortalidad tendría profundas implicaciones para la sociedad y podría reconfigurar aspectos fundamentales de la

existencia humana. Algunas de las áreas clave de impacto incluyen:

Dinámica social

1. **Estructuras familiares** : Las vidas más largas podrían dar lugar a familias multigeneracionales con relaciones complejas y nuevas normas sociales.
2. **Educación y carrera** : las personas pueden seguir múltiples carreras y caminos educativos a lo largo de su vida.
3. **Relaciones** : El concepto de relaciones de por vida puede evolucionar y conducir potencialmente a la monogamia en serie o a nuevas formas de relaciones.
4. **Evolución cultural** : el ritmo del cambio cultural podría disminuir a medida que las generaciones mayores sigan siendo influyentes durante períodos más prolongados.

Implicaciones económicas

1. **Mercado laboral** : La edad de jubilación probablemente aumentaría

significativamente, cambiando la dinámica de la fuerza laboral y las trayectorias profesionales.
2. **Atención sanitaria** : El enfoque de la atención sanitaria podría cambiar del tratamiento de enfermedades relacionadas con la edad al mantenimiento de una salud óptima a lo largo de vidas prolongadas.
3. **Pensiones y seguridad social** : Los sistemas actuales de apoyo a las personas mayores necesitarían una reestructuración completa.
4. **Acumulación de riqueza** : una mayor esperanza de vida podría llevar a una concentración aún mayor de riqueza entre los individuos más longevos.

Consecuencias ambientales

1. **Consumo de recursos** : una población potencialmente inmortal supondría una presión sin precedentes sobre los recursos globales.

2. **Planificación ambiental** : Las políticas ambientales a largo plazo se volverían aún más críticas, ya que los individuos podrían esperar vivir con las consecuencias de las acciones actuales.
3. **Exploración espacial** : La necesidad de recursos y espacio vital podría acelerar los esfuerzos para colonizar otros planetas.

Caída: ¿Cuánto costaría la vida eterna?

Si bien la perspectiva de la inmortalidad es atractiva, conlleva posibles desventajas y riesgos que deben considerarse cuidadosamente:

Desafíos psicológicos

1. **Aburrimiento y pérdida de propósito** : la perspectiva de una existencia interminable puede llevar a una pérdida de motivación y propósito en algunas personas.
2. **Acumulación de trauma** : Vivir indefinidamente podría significar

acumular trauma psicológico durante siglos o milenios.
3. **Crisis de identidad** : el concepto de uno mismo puede volverse fluido a lo largo de períodos de tiempo extremadamente largos, dando lugar a crisis existenciales.

Riesgos sociales

1. **Superpoblación** : Sin muerte natural, el crecimiento poblacional podría volverse rápidamente insostenible.
2. **Estancamiento** : Las sociedades pueden volverse resistentes al cambio y las estructuras de poder se arraigan durante siglos.
3. **Desigualdad** : El acceso a las tecnologías de la inmortalidad podría crear divisiones extremas entre "mortales" e "inmortales".

Dilemas éticos

1. **Asignación de recursos** : Sería necesario tomar decisiones difíciles sobre quién tiene acceso a tecnologías que prolongan la vida.
2. **Derecho a morir** : La opción de poner fin a la propia vida podría convertirse en un tema polémico en un mundo donde la muerte ya no es inevitable.
3. **Evolución humana** : La inmortalidad podría potencialmente detener o alterar dramáticamente el curso de la evolución biológica y cultural humana.

Costos ambientales

1. **Agotamiento de recursos** : una población inmortal pondría una presión inmensa sobre los recursos de la Tierra.
2. **Alteración del ecosistema** : el ciclo natural de vida y muerte desempeña un papel crucial en los ecosistemas; la inmortalidad podría alterar este equilibrio.

Los escenarios futuros de inmortalidad presentan un panorama complejo de posibilidades, desafíos y consideraciones éticas. Ya sea a través de medios digitales para preservar la conciencia o de intervenciones biológicas para prolongar la vida física, la búsqueda de la inmortalidad tiene el potencial de reconfigurar fundamentalmente la experiencia humana.

A medida que seguimos realizando avances tecnológicos y científicos, es fundamental que abordemos estas posibilidades considerando cuidadosamente todas sus implicaciones. La búsqueda de la inmortalidad no es sólo una tarea científica, sino un profundo viaje filosófico y ético que nos exigirá abordar la naturaleza misma de lo que significa ser humano.

El camino a seguir requerirá equilibrar nuestro deseo innato de prolongar la vida con nuestra responsabilidad hacia las generaciones futuras y nuestro planeta. Ahora que estamos a punto de alcanzar la inmortalidad, debemos preguntarnos no

sólo si podemos, sino también si debemos hacerlo y a qué precio.

¡Por favor comparte tus pensamientos en Amazon!

Tu opinión ayuda:

- Difunda la palabra sobre la inmortalidad
- Apoya a los autores independientes
- Fomentar más investigaciones sobre la longevidad

Cómo dejar una reseña:

- Ir a la página del libro en Amazon
- Haga clic en "Escribir una reseña de cliente"
- Comparte tus pensamientos honestos
- Haga clic en enviar

Si este libro le resultó útil, ¡considere dejar una reseña de 5 estrellas!

Su apoyo ayuda a impulsar una mayor exploración del fascinante mundo de la inmortalidad humana y el progreso tecnológico.

CAPÍTULO 6

DESAFÍOS Y RIESGOS

A medida que nos adentramos en el terreno de la prolongación radical de la vida y la posible inmortalidad, debemos afrontar los innumerables desafíos y riesgos que acompañan a estas ambiciosas metas. Si bien la promesa de una vida prolongada o eterna es tentadora, conlleva una serie de preocupaciones tecnológicas, éticas y sociales que debemos considerar y abordar cuidadosamente.

En este capítulo se analizan los posibles peligros y dificultades asociados a la búsqueda de la inmortalidad. Se explorarán los riesgos tecnológicos, incluidos los peligros de la inteligencia artificial descontrolada y las amenazas a la ciberseguridad . Se examinarán los desafíos éticos, en particular los relacionados con la desigualdad y el acceso a las tecnologías que prolongan la vida. Además, se

considerarán posibles escenarios distópicos que podrían surgir de la búsqueda o el logro de la inmortalidad y, en última instancia, se cuestionará si la inmortalidad en sí misma podría convertirse en la mayor amenaza para la humanidad.

Riesgos tecnológicos: Inteligencia artificial sin control y ciberseguridad

IA sin control

A medida que buscamos formas digitales de inmortalidad, como la transferencia de información mental o avatares digitales avanzados impulsados por IA, nos enfrentamos al riesgo de crear inteligencias artificiales que no podemos controlar ni comprender por completo. Esta preocupación se vuelve particularmente aguda cuando consideramos la posibilidad de automejora recursiva en los sistemas de IA.

1. **Problema de alineación** : garantizar que los sistemas de IA altamente avanzados, en particular aquellos diseñados para replicar o extender la conciencia humana, permanezcan alineados con los valores y objetivos humanos es un desafío importante. Una entidad de IA inmortal con valores desalineados podría representar una amenaza existencial para la humanidad.
2. **Aparición impredecible** : a medida que desarrollamos sistemas de IA más complejos para respaldar o permitir la inmortalidad digital, corremos el riesgo de que surjan comportamientos o capacidades inesperados. Estas propiedades emergentes podrían dar lugar a situaciones en las que la IA actúe de maneras perjudiciales para los humanos, ya sea de forma intencionada o no.
3. **Pérdida de la capacidad de acción humana** : si nos volvemos demasiado dependientes de los sistemas de inteligencia artificial para gestionar nuestra inmortalidad digital, corremos

el riesgo de perder la capacidad de acción humana en los procesos de toma de decisiones. Esto podría llevarnos a un futuro en el que entidades digitales inmortales tomen decisiones cruciales sobre el destino de la humanidad sin la debida supervisión o participación humana.

4. **Riesgos de la mejora cognitiva** : a medida que desarrollamos tecnologías de inteligencia artificial para mejorar la cognición humana o crear réplicas digitales de mentes humanas, corremos el riesgo de crear entidades con capacidades intelectuales muy superiores. Estos seres mejorados podrían ver a los humanos no mejorados como inferiores, lo que podría conducir a conflictos u opresión.

Amenazas a la ciberseguridad

La digitalización de la conciencia humana o la creación de avatares digitales introduce riesgos de ciberseguridad nuevos y complejos :

1. **Robo de identidad** : en un mundo en el que existen copias digitales de las personas, el robo de identidad podría adquirir un significado totalmente nuevo. Los actores maliciosos podrían robar o replicar personalidades completas, lo que provocaría graves violaciones de la privacidad y trastornos sociales.
2. **Corrupción de datos** : la integridad de los datos que componen una conciencia digital es primordial. La corrupción accidental o la manipulación maliciosa de estos datos podría "matar" efectivamente una entidad digital o alterar su personalidad y sus recuerdos de maneras impredecibles.
3. **Ransomware y situaciones de secuestro digital** : los cibercriminales

podrían potencialmente secuestrar conciencias digitales para pedir un rescate, amenazando con borrarlas o corromperlas si no se cumplen las exigencias, lo que podría generar dilemas éticos y legales sin precedentes.

4. **Vulnerabilidad a los ataques cibernéticos** : a medida que nuestro ser biológico se integra cada vez más con los sistemas digitales, nos volvemos más vulnerables a los ataques cibernéticos . La piratería podría afectar no solo a nuestros datos, sino también a nuestros pensamientos y funciones corporales.

5. **Preocupaciones sobre la privacidad** : la enorme cantidad de datos personales necesarios para crear y mantener una conciencia digital plantea importantes preocupaciones sobre la privacidad. Proteger estos datos del acceso o uso no autorizados se convierte en un desafío crítico.

Desafíos éticos: desigualdad y acceso a la tecnología

Desigualdad

La búsqueda de la inmortalidad a través de tecnologías avanzadas plantea serias preocupaciones sobre la exacerbación de las desigualdades sociales existentes y la creación de nuevas formas de disparidad:

1. **Brecha económica** : las tecnologías que prolongan la vida probablemente sean extremadamente caras, al menos al principio. Esto podría crear una marcada división entre quienes pueden permitirse la inmortalidad y quienes no, lo que podría dividir a la humanidad en dos clases distintas: los mortales y los inmortales.
2. **Desequilibrios de poder** : aquellos que alcanzan la inmortalidad primero pueden acumular cantidades desproporcionadas de riqueza, conocimiento e influencia a lo largo del tiempo, lo que lleva a desequilibrios de

poder arraigados que podrían persistir durante siglos o incluso milenios.

3. **Conflicto generacional** : A medida que algunas personas viven cientos o miles de años, es posible que veamos surgir conflictos generacionales sin precedentes. Las generaciones más jóvenes pueden sentir que las oportunidades de progreso están bloqueadas por la presencia continua de ancianos inmortales en posiciones de poder.

4. **Estancamiento cultural** : si los mismos individuos permanecen en posiciones de influencia cultural durante períodos extremadamente largos, esto podría llevar al estancamiento cultural y a la resistencia al cambio, lo que podría obstaculizar el progreso social.

Acceso a la tecnología

Garantizar un acceso justo y equitativo a las tecnologías que prolongan la vida presenta importantes desafíos éticos y prácticos:

1. **Distribución de recursos** : determinar cómo asignar recursos limitados para prolongar la vida plantea difíciles cuestiones éticas. ¿Se debe dar prioridad a los jóvenes, a los más exitosos, o distribuirlos al azar? Cada enfoque tiene sus propias implicaciones éticas.
2. **Disparidades globales** : Es probable que el desarrollo de tecnologías de inmortalidad se concentre en las naciones ricas y tecnológicamente avanzadas. Esto podría exacerbar las desigualdades globales, ya que los ciudadanos de las naciones desarrolladas podrían alcanzar la inmortalidad mientras que los de las naciones en desarrollo tendrían dificultades para acceder a servicios de salud básicos.

3. **Desafíos regulatorios** : Desarrollar un marco regulatorio para la distribución equitativa de tecnologías que prolonguen la vida será extremadamente complejo y requerirá niveles sin precedentes de cooperación mundial y de acuerdo sobre principios éticos fundamentales.
4. **Mortalidad forzada** : en un mundo donde la inmortalidad es posible pero no universalmente disponible, podemos enfrentar situaciones en las que los individuos se ven obligados a permanecer mortales contra su voluntad debido a la falta de acceso a las tecnologías necesarias.
5. **Mercados negros y acceso ilegal** : La alta demanda de tecnologías de inmortalidad podría conducir al surgimiento de mercados negros y medios ilegales de acceso, lo que podría poner en riesgo a las personas y socavar los esfuerzos por lograr una distribución equitativa.

Escenarios distópicos: ¿Qué podría salir mal?

A medida que buscamos la inmortalidad, debemos considerar los posibles resultados distópicos que podrían surgir del desarrollo y la implementación de estas tecnologías:

1. **Crisis de superpoblación** : si la muerte se vuelve opcional pero la reproducción continúa sin control, podríamos enfrentarnos a una grave crisis de superpoblación. Esto podría conducir al agotamiento de los recursos, la degradación ambiental y conflictos por las necesidades básicas.
2. **Control totalitario** : los gobiernos o las corporaciones que controlan los medios de la inmortalidad podrían ejercer un poder sin precedentes sobre las personas. La amenaza de negar tratamientos que prolonguen la vida podría utilizarse como un medio de control, lo que daría lugar a regímenes opresivos que podrían mantener su poder indefinidamente.

3. **Pérdida de la diversidad humana** : si ciertos rasgos o características se consideran más deseables para la inmortalidad, podríamos ver una homogeneización de la especie humana con el tiempo, a medida que se seleccionan rasgos diversos en favor de aquellos considerados "óptimos" para la supervivencia a largo plazo.
4. **Aburrimiento existencial y depresión masiva** : la perspectiva de vivir eternamente podría provocar crisis existenciales generalizadas. Sin el punto final natural que supone la muerte, algunas personas podrían tener dificultades para encontrarle sentido o propósito a su existencia eterna.
5. **Estancamiento del progreso humano** : si se elimina el miedo a la muerte, la humanidad podría perder uno de sus principales motivadores para el progreso y la innovación, lo que podría conducir a una sociedad estancada en la que la complacencia reemplace el impulso por el progreso.

6. **Esclavitud de la conciencia digital** : en los escenarios en los que la conciencia humana se carga en formatos digitales, existe el riesgo de que estas entidades digitales sean explotadas o esclavizadas. Podrían verse obligadas a trabajar sin fin en entornos virtuales, lo que crearía una nueva forma de servidumbre inmortal.
7. **Manipulación de la realidad** : Se podrían utilizar tecnologías avanzadas que puedan alterar los recuerdos o las percepciones de las conciencias digitales para crear realidades falsas. Esto podría dar lugar a situaciones en las que seres inmortales vivan en mundos virtuales manipulados, sin saber cuál es su verdadera naturaleza o circunstancias.
8. **El escenario del "último mortal"** : a medida que la inmortalidad se vuelve más generalizada, podríamos enfrentarnos a un escenario en el que las últimas generaciones de humanos mortales se enfrenten a una discriminación extrema o sean vistos como reliquias de una era pasada.

9. **Errores irreversibles** : con la inmortalidad, las consecuencias de los errores sociales o las políticas equivocadas podrían persistir durante períodos extremadamente largos, lo que podría conducir a condiciones distópicas a largo plazo que son difíciles de revertir.
10. **Pérdida de la identidad humana** : a medida que aumentamos la expectativa de vida y potencialmente pasamos a formas digitales de existencia, corremos el riesgo de perder aspectos fundamentales de lo que actualmente consideramos humano. Esto podría conducir a una crisis existencial a escala de toda la especie.

Caída: ¿Podría la inmortalidad convertirse en nuestra mayor amenaza?

Al contemplar estos desafíos y riesgos, debemos afrontar la posibilidad de que la búsqueda de la inmortalidad, a pesar de su atractivo, pueda convertirse potencialmente en la mayor amenaza para la civilización humana y quizás para nuestra propia existencia como especie.

Riesgos existenciales

1. **Agotamiento de los recursos** : una población inmortal pondría una presión sin precedentes sobre los recursos de la Tierra. Sin el ciclo natural de vida y muerte, corremos el riesgo de agotar la capacidad de nuestro planeta para sustentar la vida humana, lo que podría llevar al colapso social o a medidas forzadas de control de la población.
2. **Catástrofe ambiental** : El impacto ambiental de una población inmortal en constante crecimiento podría acelerar el

cambio climático y otras formas de degradación ambiental a niveles catastróficos, haciendo potencialmente que la Tierra sea inhabitable.

3. **Pérdida de adaptabilidad** : la inmortalidad podría reducir la capacidad de nuestra especie para adaptarse a entornos cambiantes o nuevos desafíos. La continua mezcla genética y evolución que se produce a lo largo de las generaciones podría verse alterada, dejándonos vulnerables a nuevas amenazas.

4. **Vulnerabilidad cósmica** : como especie inmortal, podríamos volvernos más reacios a asumir riesgos, lo que podría obstaculizar la exploración espacial y los esfuerzos de colonización. Esto podría dejar a la humanidad vulnerable a eventos de nivel de extinción en la Tierra, como impactos de asteroides o erupciones solares.

Colapso social

1. **Inestabilidad económica** : nuestros sistemas económicos actuales no están diseñados para participantes inmortales. La acumulación de riqueza a lo largo de siglos o milenios podría conducir a una desigualdad extrema y al colapso de las estructuras económicas.
2. **Estancamiento político** : si las mismas personas pueden permanecer en el poder durante períodos extremadamente largos, los sistemas políticos podrían estancarse y dejar de responder a las necesidades y circunstancias cambiantes.
3. **Pérdida de innovación** : el impulso a la innovación a menudo surge del deseo de tener un impacto duradero en un lapso de tiempo finito. La inmortalidad podría reducir esta motivación, lo que llevaría a una disminución del progreso científico y tecnológico.
4. **Calcificación cultural** : con una vida potencialmente eterna, las normas y valores culturales pueden volverse

extremadamente resistentes al cambio, lo que lleva a sociedades incapaces de adaptarse a nuevos desafíos o circunstancias cambiantes.

Consecuencias psicológicas y filosóficas

1. **Crisis existencial masiva** : la perspectiva de la vida eterna podría llevar a una pérdida generalizada de sentido y propósito. Sin el contrapeso de la mortalidad, a muchos les costaría encontrar motivación o significado a sus acciones.
2. **Deterioro ético** : Las escalas temporales enormemente amplias de la existencia inmortal podrían erosionar las restricciones éticas. Las personas podrían estar más dispuestas a participar en conductas poco éticas si creen que tienen tiempo infinito para enmendar sus errores o si las consecuencias parecen menos significativas en el contexto de una vida eterna.

3. **Pérdida de la experiencia humana**: Muchos aspectos de la experiencia humana están determinados por nuestra mortalidad. El amor, la ambición, el arte y la espiritualidad pueden perder su profundidad y significado en el contexto de la inmortalidad, alterando fundamentalmente lo que significa ser humano.

El problema de la irreversibilidad

Tal vez el aspecto más preocupante de la búsqueda de la inmortalidad sea la posible irreversibilidad de la decisión. Una vez que alcancemos la inmortalidad generalizada, puede resultar extraordinariamente difícil, si no imposible, volver a nuestro estado mortal actual si consideramos que las consecuencias son indeseables o insostenibles.

Esta irreversibilidad crea una inmensa responsabilidad. Debemos estar absolutamente seguros de que

comprendemos y podemos manejar todas las implicaciones de la inmortalidad antes de tomar medidas que no se puedan deshacer. El riesgo es que tal vez nos demos cuenta de los verdaderos costos de la inmortalidad solo cuando sea demasiado tarde para cambiar de rumbo, lo que podría condenar a la humanidad a una existencia eterna que se convierta en una carga en lugar de una bendición.

La búsqueda de la inmortalidad, aunque esté impulsada por nuestros deseos más profundos y las tecnologías más avanzadas, está plagada de riesgos y dilemas éticos que podrían transformar la esencia misma de la existencia humana. A medida que seguimos avanzando en las tecnologías que prolongan la vida, es fundamental que abordemos estos avances con cautela, previsión y una profunda consideración de sus posibles consecuencias.

Para hacer frente a estos desafíos se necesitarán niveles sin precedentes de cooperación mundial, deliberación ética y

planificación a largo plazo. Debemos desarrollar estructuras de gobernanza sólidas y marcos éticos que guíen el desarrollo y la implementación de tecnologías de inmortalidad. Estos marcos deben ser lo suficientemente flexibles para adaptarse a consecuencias imprevistas y, al mismo tiempo, mantenerse fieles a los valores humanos fundamentales.

Además, a medida que exploramos las fronteras de la prolongación de la vida humana, no debemos perder de vista las cualidades que hacen que la vida tenga sentido en primer lugar. Nuestra búsqueda de más tiempo no debe ir en detrimento de la riqueza, la diversidad y el dinamismo de la experiencia humana.

En definitiva, la cuestión de si la inmortalidad podría convertirse en nuestra mayor amenaza no tiene una respuesta sencilla. Depende de nuestra capacidad para anticipar y mitigar los riesgos, distribuir los beneficios de manera equitativa y mantener nuestra humanidad

ante la prolongación radical de la vida. Ahora que estamos a punto de alcanzar potencialmente la inmortalidad, debemos preguntarnos no sólo si podemos vivir eternamente, sino también si deberíamos hacerlo y a qué precio.

El camino a seguir exige un delicado equilibrio entre aprovechar los posibles beneficios de una mayor expectativa de vida y protegerse de los profundos riesgos que entraña. Requiere un diálogo global que abarque no sólo a científicos y especialistas en ética, sino a toda la humanidad, mientras decidimos colectivamente la forma de nuestro futuro potencialmente ilimitado.

¡Por favor comparte tus pensamientos en Amazon!

Tu opinión ayuda:

- Difunda la palabra sobre la inmortalidad
- Apoya a los autores independientes
- Fomentar más investigaciones sobre la longevidad

Cómo dejar una reseña:

- Ir a la página del libro en Amazon
- Haga clic en "Escribir una reseña de cliente"
- Comparte tus pensamientos honestos
- Haga clic en enviar

Si este libro le resultó útil, ¡considere dejar una reseña de 5 estrellas!

Su apoyo ayuda a impulsar una mayor exploración del fascinante mundo de la inmortalidad humana y el progreso tecnológico.

CAPÍTULO 7:

NAVEGANDO POR EL CAMINO HACIA ADELANTE

Mientras nos encontramos al borde de alcanzar potencialmente la inmortalidad humana mediante avances tecnológicos, nos encontramos ante un panorama complejo de oportunidades, desafíos y dilemas éticos. En los capítulos anteriores hemos explorado los diversos caminos hacia la inmortalidad, las implicaciones sociales y los posibles riesgos y desventajas de la búsqueda de la vida eterna. Ahora debemos centrar nuestra atención en la pregunta crucial: ¿cómo avanzamos de manera responsable y ética en nuestra búsqueda de la prolongación radical de la vida?

En este capítulo se explorarán las estrategias, los marcos de referencia y las consideraciones necesarias para recorrer el camino hacia un futuro en el que la prolongación de la vida o la inmortalidad puedan convertirse en una realidad.

Examinaremos el delicado equilibrio entre el progreso y la cautela, la necesidad de marcos éticos sólidos, la importancia de la cooperación mundial, el papel de la participación pública, los enfoques sostenibles para la prolongación de la vida y la importancia actual de la investigación filosófica y ética para dar forma a nuestro futuro potencialmente inmortal.

Equilibrar el progreso y la cautela

La búsqueda de la inmortalidad representa una de las empresas más ambiciosas y potencialmente transformadoras de la historia de la humanidad. Sin embargo, como hemos visto en capítulos anteriores, también conlleva riesgos y desafíos éticos importantes. Para avanzar es necesario encontrar un equilibrio cuidadoso entre ampliar los límites del progreso científico y tecnológico y ejercer la precaución adecuada para evitar resultados potencialmente catastróficos.

Enfoque paso a paso

En lugar de precipitarse hacia la inmortalidad, quizá sea más prudente adoptar un enfoque mesurado y gradual para prolongar la vida, que podría implicar:

1. Centrarse inicialmente en la prolongación de la vida útil de la salud (aumentar el número de años de salud) en lugar de en la prolongación de la vida útil.
2. Establecer metas incrementales para la extensión de la vida (por ejemplo, apuntar primero a un estatus centenario constante antes de buscar una extensión más radical).
3. Probar y validar exhaustivamente cada avance antes de pasar a la siguiente etapa.

Protocolos de seguridad rigurosos

A medida que desarrollamos tecnologías cada vez más potentes para prolongar la vida, es fundamental establecer y mantener protocolos de seguridad rigurosos. Esto es especialmente importante para las tecnologías que interactúan directamente con el cerebro humano o involucran inteligencia artificial. Las medidas de seguridad pueden incluir:

1. Pruebas exhaustivas en entornos simulados antes de los ensayos en humanos.
2. Procedimientos de contención robustos para tecnologías potencialmente peligrosas.
3. Mecanismos de seguridad e interruptores de seguridad para sistemas de IA involucrados en la extensión de la vida.

Consideración de reversibilidad

Siempre que sea posible, las tecnologías de prolongación de la vida deberían diseñarse teniendo en cuenta la reversibilidad, lo que permite deshacer los cambios si surgen consecuencias negativas imprevistas. Si bien la verdadera inmortalidad puede ser inherentemente irreversible, muchos pasos intermedios hacia la prolongación radical de la vida podrían diseñarse teniendo la reversibilidad como característica clave.

Marcos éticos para la investigación sobre la inmortalidad

El desarrollo de tecnologías de extensión de la vida debe guiarse por marcos éticos sólidos que prioricen el bienestar humano, la equidad y la supervivencia a largo plazo de nuestra especie.

Principios de la bioética

Los principios tradicionales de la bioética, como la autonomía, la beneficencia, la no maleficencia y la justicia, deberían ampliarse y adaptarse para abordar los desafíos singulares que plantea la prolongación radical de la vida. Por ejemplo:

1. **Autonomía:** garantizar que los individuos tengan el derecho a elegir si desean prolongar la vida, pero también protegerlos contra la coerción en un mundo donde la inmortalidad podría llegar a ser esperada.
2. **Beneficencia:** Considerar los beneficios a largo plazo de la extensión

de la vida no sólo para los individuos, sino para la humanidad en su conjunto.
3. **No maleficencia:** ampliar nuestra consideración del daño para incluir posibles impactos negativos sobre las generaciones futuras y el medio ambiente.
4. **Justicia:** Desarrollar marcos para el acceso equitativo a las tecnologías de extensión de la vida para prevenir la exacerbación de las desigualdades existentes.

Consideraciones éticas a largo plazo

Dadas las consecuencias potencialmente eternas de alcanzar la inmortalidad, nuestros marcos éticos deben incorporar un pensamiento a muy largo plazo. Esto podría incluir:

1. Desarrollo de pautas éticas para el tratamiento de las conciencias digitales.
2. Considerando los derechos y responsabilidades de los seres inmortales.

3. Establecer protocolos para gestionar conflictos entre poblaciones mortales e inmortales.

Juntas de revisión ética

Será crucial la creación de comités de revisión ética especializados en la investigación sobre la inmortalidad. Estos comités deberían incluir no sólo a científicos y especialistas en ética, sino también a representantes de diversos ámbitos, como la filosofía, la sociología, la ciencia ambiental y el desarrollo global.

Cooperación y gobernanza global

La búsqueda de la inmortalidad es una tarea global con implicaciones para toda la especie y, como tal, requiere niveles sin precedentes de cooperación y gobernanza internacional.

Marco regulatorio internacional

Será esencial desarrollar un marco regulatorio internacional integral para la

investigación y la implementación de la inmortalidad. Este marco debería abordar:

1. Normas para la ética de la investigación y protocolos de seguridad.
2. Directrices para el acceso equitativo a las tecnologías de prolongación de la vida.
3. Políticas para gestionar los impactos globales del aumento de la esperanza de vida, incluidos los efectos sobre la población, los recursos y el medio ambiente.

Coordinación de investigación global

Para maximizar el progreso y minimizar los riesgos, será crucial coordinar a nivel mundial las investigaciones sobre la inmortalidad, lo que podría implicar:

1. Consorcios internacionales de investigación centrados en aspectos específicos de la prolongación de la vida.
2. Intercambio abierto de datos y resultados de investigaciones para

acelerar el progreso y garantizar la seguridad.
3. Esfuerzos de colaboración para abordar los desafíos globales que surgen del aumento de la esperanza de vida.

Comités éticos transnacionales

La creación de comités éticos transnacionales puede contribuir a garantizar que se tengan en cuenta perspectivas diversas en el desarrollo y la aplicación de tecnologías de inmortalidad. Estos comités deberían incluir representantes de diversas culturas, religiones y tradiciones filosóficas para ayudar a desenvolverse en el complejo panorama ético de la prolongación de la vida.

Participación pública y educación

A medida que avanzamos hacia un futuro en el que la prolongación radical de la vida sea posible, involucrar y educar al público será crucial para la toma de decisiones informadas y la preparación social.

Diálogo público

Es esencial fomentar un diálogo público permanente sobre las implicaciones de la inmortalidad. Esto podría implicar:

1. Foros y debates públicos periódicos sobre las tecnologías de extensión de la vida y sus impactos.
2. Inclusión de diversas voces, incluidas aquellas escépticas o opuestas a la búsqueda de la inmortalidad.
3. Comunicación transparente sobre el progreso de la investigación, sus posibles beneficios y riesgos.

Iniciativas educativas

Preparar a la sociedad para la posibilidad de una vida útil radicalmente más larga requerirá iniciativas educativas integrales, que podrían incluir:

1. Actualizar los programas escolares para incluir debates sobre las tecnologías de extensión de la vida y sus implicaciones éticas.

2. Desarrollar programas de educación para adultos para ayudar a las generaciones actuales a comprender y prepararse para la inmortalidad potencial.
3. Creación de recursos para ayudar a las personas a tomar decisiones informadas sobre la búsqueda de tecnologías de extensión de la vida.

Responsabilidad de los medios de comunicación

Dadas las profundas implicaciones de la investigación sobre la inmortalidad, será fundamental que los medios de comunicación informen de manera responsable. Esto implica:

1. Cobertura precisa y equilibrada de los avances científicos y sus posibles impactos.
2. Evitar el sensacionalismo y al mismo tiempo transmitir la naturaleza revolucionaria de las tecnologías de extensión de la vida.

3. Proporcionar plataformas para diversos puntos de vista sobre la búsqueda de la inmortalidad.

Enfoques sostenibles para la prolongación de la vida

A medida que buscamos la extensión radical de la vida, es crucial que lo hagamos de una manera que sea sostenible tanto para la humanidad como para nuestro planeta.

Consideraciones ambientales

Las tecnologías de prolongación de la vida deben desarrollarse teniendo muy en cuenta su impacto ambiental. Esto incluye:

1. Priorizar tecnologías con mínima huella ecológica.
2. Investigar formas de reducir el consumo de recursos a medida que aumenta la esperanza de vida.
3. Explorando soluciones fuera de este mundo para dar cabida a poblaciones potencialmente inmortales.

Sostenibilidad económica

Las implicaciones económicas de una prolongación generalizada de la vida deben gestionarse con cuidado. Esto podría implicar:

1. Desarrollar nuevos modelos económicos que puedan dar cabida a individuos extremadamente longevos.
2. Creación de sistemas de jubilación flexibles que se adapten al aumento de la esperanza de vida.
3. Invertir en automatización e IA para apoyar la productividad en una sociedad que envejece.

Sostenibilidad social

Será crucial garantizar la cohesión social en un mundo de potenciales inmortales. Las estrategias podrían incluir:

1. Desarrollar nuevas normas y estructuras sociales que permitan dar cabida a vidas que duren varios siglos.

2. Creando oportunidades para un propósito y significado permanentes en vidas extremadamente largas.
3. Fomentar la comprensión y la cooperación intergeneracional.

El papel de la filosofía y la ética en la configuración de nuestro futuro inmortal

A medida que navegamos por el complejo panorama de la investigación e implementación de la inmortalidad, la investigación filosófica y ética constante será esencial.

Reexaminando conceptos fundamentales

La posibilidad de la inmortalidad pone en entredicho muchos de nuestros conceptos y valores fundamentales. La investigación filosófica será crucial en áreas como:

1. La naturaleza de la identidad personal a lo largo de períodos de tiempo extremadamente largos.

2. El significado y el valor de la vida en el contexto de la inmortalidad potencial.
3. La relación entre la mortalidad y los logros y la creatividad humanos.

Marcos éticos en evolución

A medida que nos acercamos a la prolongación radical de la vida, nuestros marcos éticos deberán evolucionar. Este desarrollo ético continuo debe abordar:

1. Los derechos y responsabilidades de los seres inmortales.
2. Consideraciones éticas en una sociedad post-escasez y post-mortalidad.
3. El estatus moral de las diferentes formas de existencia extendida (biológica, digital, híbrida).

Diálogo interdisciplinario

Será fundamental fomentar un diálogo permanente entre filósofos, especialistas en ética, científicos y responsables de las políticas. Este enfoque interdisciplinario puede ayudar a garantizar que:

1. Los avances científicos están guiados por consideraciones éticas.
2. Los marcos éticos se basan en los últimos conocimientos científicos.
3. Las decisiones políticas reflejan tanto realidades científicas como principios éticos.

En el umbral de la posibilidad de alcanzar la inmortalidad humana, nos enfrentamos a un futuro repleto de promesas extraordinarias y desafíos abrumadores. El camino que tenemos por delante requiere que equilibremos nuestra ambición con la cautela, nuestra búsqueda del progreso con la consideración ética y nuestros deseos individuales con las necesidades colectivas de la humanidad y de nuestro planeta.

Para transitar por este camino se necesitarán niveles sin precedentes de cooperación global, marcos éticos rigurosos, compromiso público y una constante investigación filosófica. Debemos mantenernos flexibles y adaptables, listos para ajustar nuestro rumbo a medida que

aprendemos más sobre las implicaciones de la extensión radical de la vida.

Las decisiones que tomemos ahora no sólo determinarán el futuro cercano, sino también, potencialmente, el futuro eterno de nuestra especie. Al trazar este rumbo, debemos esforzarnos por crear un futuro en el que el don de una vida más prolongada mejore nuestra humanidad en lugar de disminuirla, en el que los beneficios de nuestros avances se compartan equitativamente y en el que sigamos siendo administradores responsables de nuestro planeta y de nuestro potencial.

La búsqueda de la inmortalidad es, en muchos sentidos, una búsqueda para trascender nuestras limitaciones actuales como especie. Sin embargo, mientras perseguimos este noble objetivo, no debemos perder de vista los valores, las experiencias y las conexiones que hacen que la vida tenga sentido en primer lugar. Nuestro futuro potencialmente inmortal debería ser uno que celebre y realce la

esencia de lo que significa ser humano, incluso mientras ampliamos los límites de la existencia humana a límites sin precedentes.

A medida que avanzamos, hagámoslo con sabiduría, compasión y un profundo sentido de responsabilidad hacia nosotros mismos, hacia las generaciones futuras y hacia la intrincada red de la vida de la que formamos parte. El camino hacia la inmortalidad puede ser largo y estar plagado de desafíos, pero si lo recorremos con cuidado, tiene el potencial de abrir nuevas fronteras de experiencia y comprensión humanas que apenas podemos imaginar desde nuestra perspectiva mortal actual.

¡Por favor comparte tus pensamientos en Amazon!

Tu opinión ayuda:

- Difunda la palabra sobre la inmortalidad
- Apoya a los autores independientes
- Fomentar más investigaciones sobre la longevidad

Cómo dejar una reseña:

- Ir a la página del libro en Amazon
- Haga clic en "Escribir una reseña de cliente"
- Comparte tus pensamientos honestos
- Haga clic en enviar

Si este libro le resultó útil, ¡considere dejar una reseña de 5 estrellas!

Su apoyo ayuda a impulsar una mayor exploración del fascinante mundo de la inmortalidad humana y el progreso tecnológico.

CAPÍTULO 8

IMAGINANDO FUTUROS INMORTALES

Al contemplar la posibilidad de alcanzar la inmortalidad humana mediante avances tecnológicos, resulta crucial mirar más allá de los desafíos inmediatos y considerar las implicaciones a largo plazo y los futuros potenciales que podrían surgir. Este capítulo tiene como objetivo explorar varios escenarios y resultados que podrían surgir en un mundo donde la muerte se ha vuelto opcional y la expectativa de vida humana se extiende indefinidamente.

Nos embarcaremos en un viaje especulativo, examinando cómo la sociedad, la tecnología y la humanidad misma podrían evolucionar en períodos de tiempo más largos. Desde las consecuencias inmediatas de alcanzar la inmortalidad hasta el futuro lejano en el que los humanos inmortales podrían extenderse por el

cosmos, consideraremos las posibilidades, los desafíos y las transformaciones que nos esperan.

Es importante señalar que estos escenarios son especulativos y se basan en nuestro conocimiento y nuestras proyecciones actuales. El futuro real puede desarrollarse de maneras que no podemos predecir, especialmente dada la posibilidad de avances tecnológicos radicales y desarrollos imprevistos. Sin embargo, explorar estos futuros potenciales puede proporcionar información valiosa y ayudarnos a prepararnos mejor para los desafíos y las oportunidades que puede traer la inmortalidad.

El próximo milenio: consecuencias inmediatas de alcanzar la inmortalidad

Los primeros mil años después de alcanzar la inmortalidad generalizada probablemente serían un período de inmenso cambio y adaptación mientras la humanidad lidia con la realidad de la vida infinita.

Reestructuración social

1. **Gestión de la población** : en vista de la caída de las tasas de mortalidad, las sociedades tendrían que implementar medidas estrictas de control de la población para evitar un crecimiento insostenible. Esto podría incluir la limitación de los derechos reproductivos o el incentivo de la infertilidad voluntaria.
2. **Sistemas educativos** : Las instituciones educativas tendrían que adaptarse para atender a personas que podrían ser estudiantes durante siglos.

Podríamos ver el surgimiento del "aprendizaje permanente" en el sentido más literal, con personas que pasarían por múltiples carreras y etapas educativas a lo largo de sus vidas.
3. **Dinámica de las relaciones** : El concepto de "hasta que la muerte nos separe" adquiriría un nuevo significado. Podríamos ver el surgimiento de matrimonios de duración limitada o un cambio hacia la monogamia serial durante períodos de tiempo extremadamente largos.

Ajustes económicos

1. **Redefinición de la jubilación** : el concepto de jubilación probablemente sería reemplazado por ciclos de trabajo y períodos sabáticos. Los sistemas financieros tendrían que adaptarse para gestionar la acumulación de riqueza a lo largo de los siglos.
2. **Asignación de recursos** : En vista de que los recursos podrían ser limitados y de que la población está en constante

crecimiento, sería necesario desarrollar nuevos sistemas para una asignación justa de los recursos, lo que podría llevar al surgimiento de sistemas globales de gestión de los recursos.
3. **Innovación y progreso** : el ritmo del avance tecnológico podría acelerarse a medida que los individuos puedan acumular conocimientos y experiencia a lo largo de los siglos. Por el contrario, podríamos ver una mayor resistencia al cambio a medida que los individuos longevos se aferran a sus costumbres.

Adaptación psicológica

1. **Reevaluación existencial** : la humanidad tendría que luchar por encontrar sentido y propósito en una existencia potencialmente interminable. Podrían surgir nuevos movimientos filosóficos y espirituales para abordar estas cuestiones existenciales.
2. **Gestión de la memoria** : con potencialmente siglos de recuerdos para gestionar, probablemente se

desarrollarían nuevas técnicas y tecnologías para la organización y recuperación de la memoria.

3. **Aburrimiento y novedad** : combatir el aburrimiento extremo a lo largo de la vida se convertiría en un desafío importante. Podríamos ver el surgimiento de deportes extremos, realidades virtuales inmersivas o incluso borrados voluntarios de la memoria para brindar novedad.

Ambiciones interestelares: exploración y colonización del espacio

Al eliminarse la presión de las esperanzas de vida limitadas, el enfoque de la humanidad hacia la exploración y colonización espacial podría cambiar drásticamente.

Misiones espaciales de larga duración

1. **Viajes interestelares** : las misiones que duran cientos o miles de años se vuelven más factibles con tripulaciones inmortales. Podríamos ver el lanzamiento de naves generacionales o misiones de exploración del espacio profundo con tripulaciones preparadas para vuelos de duración extremadamente larga.
2. **Proyectos de terraformación** : El proceso, que lleva siglos, de terraformación de otros planetas o lunas se vuelve más atractivo cuando los planificadores originales pueden vivir para ver los resultados.
3. **Hábitats espaciales** : Los hábitats espaciales a gran escala, como los cilindros de O'Neill o los toros de Stanford, podrían volverse más comunes a medida que la humanidad busca expandirse más allá de la Tierra.

Motivaciones para la expansión espacial

1. **Adquisición de recursos** : a medida que los recursos de la Tierra se ven limitados por una población inmortal, la minería espacial y la extracción de recursos de asteroides y otros planetas probablemente se convertirán en una prioridad.
2. **Diversidad de experiencias** : Para los inmortales que buscan nuevas experiencias, la oportunidad de vivir en otros mundos o en hábitats espaciales únicos podría ser muy atractiva.
3. **Seguro de especies** : la expansión a múltiples planetas y sistemas estelares serviría como póliza de seguro contra eventos de extinción, asegurando la supervivencia a largo plazo de una humanidad inmortal.

Evolución de la humanidad: adaptaciones biológicas y tecnológicas

A lo largo del tiempo, la naturaleza misma de lo que significa ser humano podría cambiar a medida que nos adaptamos a la inmortalidad y continuamos mejorando.

Mejoras biológicas

1. **Resistencia a la radiación** : Para viajar al espacio y vivir en otros planetas, podríamos diseñarnos genéticamente para ser más resistentes a la radiación cósmica.
2. **Adaptaciones ambientales** : los humanos podrían ser modificados para respirar diferentes atmósferas, soportar presiones extremas o sobrevivir en una variedad de entornos alienígenas.
3. **Aumento sensorial** : nuestros sentidos pueden mejorarse o ampliarse, lo que nos permite percibir una gama más amplia de estímulos o incluso desarrollar nuevos sentidos.

Integración tecnológica

1. **Interfaces cerebro-computadora** : Las interfaces neuronales directas podrían volverse algo común, permitiendo un acceso instantáneo a la información y capacidades cognitivas mejoradas.
2. **Biología sintética** : La línea entre la vida biológica y la sintética podría desdibujarse, y los humanos podrían incorporar órganos artificiales o incluso cuerpos totalmente sintéticos.
3. **Transferencia de conciencia** : la capacidad de transferir conciencia entre diferentes cuerpos o hacia sustratos totalmente digitales podría volverse posible, expandiendo aún más el concepto de inmortalidad.

Especiación y divergencia

1. **Radiaciones adaptativas** : A medida que los humanos inmortales se expanden a diferentes entornos, podríamos ver el surgimiento de subespecies distintas adaptadas a sus hábitats específicos.
2. **Evolución voluntaria** : los individuos pueden optar por alterar radicalmente sus formas, lo que da lugar a una gama diversa de seres derivados de los humanos.
3. **Vida artificial** : Podríamos crear nuevas formas de vida inteligente, ya sea como nuestros descendientes o como compañeros en nuestro viaje inmortal.

Sociedades post-escasez: economía y gobernanza en un mundo inmortal

El logro de la inmortalidad podría coincidir con el desarrollo de economías post-escasez o conducir a él, transformando radicalmente el funcionamiento de las sociedades.

Sistemas económicos

1. **Economía basada en recursos** : con inteligencia artificial y automatización avanzadas, las economías de mercado tradicionales podrían ser reemplazadas por sistemas centrados en la asignación eficiente de recursos en lugar de las ganancias.
2. **Economías de reputación** : en un mundo donde las necesidades materiales se satisfacen fácilmente, el capital social y la reputación podrían convertirse en las monedas principales.
3. **Economía de la experiencia** : una vez cubiertas las necesidades básicas, la economía podría centrarse en proporcionar nuevas experiencias y oportunidades de crecimiento personal para individuos inmortales.

Estructuras de gobernanza

1. **Gobernanza asistida por IA** : la toma de decisiones complejas podría delegarse a sistemas de IA avanzados, donde los humanos establecerían objetivos y valores generales.
2. **Democracia directa** : con una esperanza de vida indefinida, los individuos podrían participar más en los procesos políticos, lo que podría conducir a formas más directas de democracia posibilitadas por tecnologías de comunicación avanzadas.
3. **Sociedades dinámicas** : Podríamos ver el surgimiento de estructuras sociales fluidas donde los individuos puedan moverse fácilmente entre diferentes sistemas de gobierno o crear otros nuevos.

El futuro lejano: el lugar de la humanidad en el cosmos

Mirando hacia el futuro lejano, podemos especular sobre el destino final de la humanidad y su papel en el universo.

Ingeniería cósmica

1. **Esferas de Dyson** : Las civilizaciones inmortales podrían emprender megaproyectos como las esferas de Dyson para aprovechar toda la producción energética de las estrellas.
2. **Motores estelares** : Podríamos desarrollar la capacidad de mover sistemas estelares enteros, lo que nos permitiría escapar de la muerte de nuestro sol o viajar a otras galaxias.
3. **Modelado del universo** : en el extremo extremo, podríamos obtener la capacidad de influir en los parámetros cósmicos, potencialmente incluso creando nuevos universos.

Encuentro con otras civilizaciones

1. **Comunidad Galáctica** : Podríamos encontrarnos y unirnos a una comunidad más amplia de civilizaciones inmortales, compartiendo conocimientos y experiencias en toda la galaxia.
2. **Elevador** : Podríamos asumir el papel de guiar a las civilizaciones más jóvenes hacia la inmortalidad y el desarrollo tecnológico avanzado.
3. **Conflictos cósmicos** : La existencia de múltiples civilizaciones inmortales podría conducir a conflictos por recursos o valores fundamentales a escala galáctica.

Trascendencia

1. **Conciencia colectiva** : la humanidad podría evolucionar hacia una superinteligencia colectiva , fusionando las conciencias individuales en una entidad unificada.

2. **Seres de energía** : Podríamos trascender la forma física por completo, convirtiéndonos en seres de energía pura o habitando dimensiones superiores.
3. **Despertar Universal** : En los extremos más lejanos de la especulación, la humanidad podría desempeñar un papel en el logro de la conciencia o el propósito del propio universo.

Caminos alternativos: desarrollos paralelos y futuros divergentes

Si bien hemos explorado un camino posible de desarrollo, es importante considerar que el futuro podría desarrollarse de maneras radicalmente diferentes.

Mortalidad voluntaria

Algunos segmentos de la humanidad podrían rechazar la inmortalidad y optar por seguir siendo mortales. Esto podría dar lugar a una ramificación de la evolución

humana, con poblaciones mortales e inmortales desarrollándose en paralelo.

Inmortalidad virtual

En lugar de prolongar la vida física, la humanidad podría optar por cargar conciencias en vastas realidades virtuales, logrando una forma de inmortalidad digital.

Existencia cíclica

Podríamos desarrollar tecnologías que permitan el rejuvenecimiento periódico y la gestión de la memoria, creando efectivamente una existencia cíclica de vida, muerte y renacimiento.

Estasis y preservación

Algunos podrían optar por entrar en estados de animación suspendida, despertando periódicamente para experimentar diferentes eras del desarrollo humano.

A medida que nos acercamos al umbral de la posibilidad de alcanzar la inmortalidad, nos enfrentamos a un horizonte infinito de posibilidades. Los futuros que hemos explorado en este capítulo representan solo una fracción de los posibles resultados que podrían surgir a medida que la humanidad se enfrenta a la realidad de la vida sin fin.

El camino que tenemos por delante está lleno de promesas extraordinarias y de desafíos abrumadores. La inmortalidad ofrece la posibilidad de un crecimiento, una exploración y unos logros sin precedentes. Presenta la oportunidad de presenciar el largo arco de la historia cósmica y, tal vez, de moldear el destino mismo del universo.

Sin embargo, este gran poder conlleva una gran responsabilidad. A medida que avanzamos, debemos ser conscientes de los desafíos y riesgos inherentes a una transformación tan profunda de la condición humana. Debemos esforzarnos por crear futuros que honren la esencia de lo que nos hace humanos y, al mismo

tiempo, abracen el vasto potencial de nuestro ser inmortal.

El viaje hacia la inmortalidad y más allá no es sólo una tarea científica o tecnológica, sino una profunda tarea filosófica y ética. Nos llama a reevaluar y redefinir continuamente lo que significa ser humano, a encontrar un propósito y un sentido a la existencia y a considerar nuestro lugar en el gran tapiz del cosmos.

Al observar estos futuros potenciales, recordamos que las decisiones que tomemos hoy darán forma al futuro eterno. Sigamos adelante con sabiduría, compasión y una sensación de asombro ante el increíble viaje que nos espera.

¡Por favor comparte tus pensamientos en Amazon!

Tu opinión ayuda:

- Difunda la palabra sobre la inmortalidad
- Apoya a los autores independientes
- Fomentar más investigaciones sobre la longevidad

Cómo dejar una reseña:

- Ir a la página del libro en Amazon
- Haga clic en "Escribir una reseña de cliente"
- Comparte tus pensamientos honestos
- Haga clic en enviar

Si este libro le resultó útil, ¡considere dejar una reseña de 5 estrellas!

Su apoyo ayuda a impulsar una mayor exploración del fascinante mundo de la inmortalidad humana y el progreso tecnológico.

CONCLUSIÓN

Resumen de puntos clave

Al concluir nuestra exploración de "El futuro eterno: la inmortalidad humana a través de la IA y el progreso tecnológico", reflexionemos sobre los conocimientos clave que hemos descubierto:

1. La rápida evolución de la tecnología, desde la Revolución Industrial hasta la Era Digital, ha alterado fundamentalmente nuestra relación con la mortalidad.
2. La inteligencia artificial, en particular sistemas avanzados como ChatGPT, está transformando nuestro mundo y puede ser la clave para desbloquear la inmortalidad humana.
3. Los avances en medicina y biotecnología ofrecen vías prometedoras para prolongar la vida humana, pero también plantean cuestiones éticas.
4. La búsqueda de la inmortalidad es tanto un viaje filosófico y ético como científico.

5. Los escenarios futuros de inmortalidad, tanto digital como biológica, presentan posibilidades apasionantes y desafíos abrumadores.
6. La búsqueda de la vida eterna está plagada de riesgos, desde peligros tecnológicos hasta trastornos sociales.

Reflexiones finales: perspectivas personales sobre la inmortalidad

Mientras nos encontramos al borde de alcanzar la inmortalidad, nos encontramos en una encrucijada de la evolución humana. Las tecnologías que hemos explorado a lo largo de este libro (desde la inteligencia artificial y la medicina regenerativa hasta la transferencia de conciencia y la regeneración celular) ofrecen visiones tentadoras de un futuro en el que la muerte podría ser opcional.

Sin embargo, como hemos visto, esta búsqueda no está exenta de peligros. Las implicaciones éticas de la inmortalidad son profundas y afectan a cuestiones de

igualdad, propósito y la naturaleza misma de lo que significa ser humano. El potencial de resultados distópicos es enorme, y nos recuerda que un gran poder conlleva una gran responsabilidad.

Tal vez la enseñanza más importante de nuestro viaje sea que la inmortalidad, si la alcanzamos, no será una panacea. No resolverá todos los problemas de la humanidad y, de hecho, puede crear otros nuevos. La clave no está en perseguir ciegamente la vida eterna, sino en considerar cuidadosamente cómo se pueden utilizar estas tecnologías para mejorar la calidad de vida de todos, no sólo para extender su duración para unos pocos.

Llamado a la acción: estímulo a la reflexión y al compromiso

Al cerrar esta exploración de la inmortalidad humana a través de la IA y el progreso tecnológico, los animo a:

1. **Manténgase informado:** el campo de la investigación sobre longevidad y el desarrollo de la IA está evolucionando rápidamente. Manténgase al tanto de los nuevos avances y sus posibles impactos.
2. **Participe en debates éticos:** participe en debates sobre las implicaciones morales de las tecnologías de prolongación de la vida. Su voz es importante para determinar el futuro de estos avances.
3. **Considere las implicaciones personales:** reflexione sobre cómo la posibilidad de una extensión radical de la vida podría cambiar sus objetivos personales, sus relaciones y sus elecciones de vida.
4. **Apoyar el desarrollo responsable:** defender el desarrollo responsable y

equitativo de tecnologías que prolonguen la vida.

5. **Vive con propósito:** Ya sea que la inmortalidad se convierta en realidad o no, esfuérzate por vivir una vida con significado y propósito en el presente.

El viaje hacia el "futuro eterno" continúa y su resultado sigue siendo incierto. Sin embargo, lo que es seguro es que las decisiones que tomemos hoy darán forma al mundo del mañana. Ahora que estamos a punto de redefinir potencialmente la condición humana, avancemos con sabiduría, empatía y un profundo aprecio por el valor de la vida, sea cual sea su forma.

www.ingramcontent.com/pod-product-compliance
Lightning Source LLC
Chambersburg PA
CBHW052149220526
45471CB00004B/1602